5
4

ALTE ABENTEUERLICHE REISEBERICHTE

Ein Porträt des Seefahrers aus den »Lendas da India«
von Gaspar Correa

# VASCO DA GAMA

## DIE ENTDECKUNG DES SEEWEGS NACH INDIEN

EIN AUGENZEUGENBERICHT
1497–1499

*Herausgegeben*
*von*
*Gernot Giertz*

*Mit 24 Illustrationen*

VERLAG NEUES LEBEN BERLIN

Die Abbildungen auf den inneren Umschlagseiten zeigen den Markt von Goa und eine stürmische Szene vor der Azoreninsel Terceira nach Kupfern von Johann Theodor de Bry (1598).

Für die Beschaffung der Bildvorlagen für diesen Band danken Verlag und Herausgeber der Universitätsbibliothek Tübingen, der Württ. Landesbibliothek Stuttgart und dem Museu de Marinha, Lissabon.

Der Brief Mateo Begninos wurde von Michael Hörburger ins Deutsche übertragen.



ISBN 3-355-00117-1



Lizenzausgabe für den Verlag Neues Leben Berlin

Verlag Neues Leben, Berlin 1986
2. Auflage, 1990
Lizenz Nr. 303
LSV 7353
Einband: Olaf Rethfeldt
Schrift: 10 p Timeless,
Gesamtherstellung: Offizin Andersen Nexö,
Graphischer Großbetrieb, Leipzig III/18/38
Bestell-Nr. 644 122 3
9,80 M

# Inhalt

# Einführung

Die Weltgeschichte kennt neben der Entdeckung Amerikas kein bedeutenderes Ereignis als die Entdeckung des Seewegs nach Indien. Da kaum ein Unternehmen für die Entwicklung der gesamten Menschheit von so großer politischer, wirtschaftlicher und kultureller Tragweite war wie die Fahrten des Columbus und Vasco da Gamas, liegt es nahe, Parallelen zu ziehen. Mit den bescheidensten Mitteln haben diese beiden Seefahrer das gleiche Ziel verfolgt, den Seeweg nach Indien gesucht und ihre Zeitgenossen in höchste Erregung versetzt, als sie den Schleier zerrissen, der die ungeheure Weite des Globus bislang vor den Augen Europas verborgen hatte. Columbus, der Visionär, fand die Neue Welt, Vasco da Gama, der Realist, erreichte, was er hatte erreichen wollen. Der Ruhm, die Entdeckung eines ganzen Kontinents eingeleitet, eine wahrlich neue Welt entdeckt zu haben, lebt bei der Nachwelt naturgemäß strahlender fort als die Entdeckung eines neuen Weges zu einem ohnehin schon bekannten Ziel, und seien die dabei gefundenen Erkenntnisse über die ungeheure Landmasse Afrikas, über dessen Bewohner und Reichtümer auch noch so folgenschwer. Vielleicht ist dies der Grund, warum der Portugiese noch immer im Schatten des Genuesers steht; zu Unrecht, wie uns heute scheint, denn seine Reise stellt eine navigatorische Meisterleistung dar, die alle bis dahin bekannten seemännischen Pioniertaten verblassen läßt: Columbus segelte mit günstigem Wind auf fast gerader Route von den Kanarischen Inseln nach Westen und betrat nach einer Fahrt von zehn Wochen mittelamerikanischen Boden. Nach insgesamt sieben Monaten war er wieder in Europa und konnte seinen Geldgebern von seinen Erfolgen berichten. Vasco da Gama war mehr als zwei Jahre unterwegs, legte ein Vielfaches an Entfernung zurück und begründete mit seiner folgenreichen Fahrt die Route, auf der bis zur Eröffnung des Suez-Kanals alle europäischen Schiffe nach Mittelost fuhren. Beiden gemeinsam war jedoch dieselbe Energie und Willenskraft, die ihnen den Mut gaben, in einer Zeit, in der sich die Seefahrt fast ausschließlich in Sichtweite der Küsten abspielte, unbekannte Ozeane zu durchqueren, in denen es nach dem Glauben der Menschen von Seeungeheuern wimmelte und Stürme und andere Naturgewalten den sicheren Tod bedeuteten.

Dennoch waren diese Entdeckungen, zumal die der Portugiesen, keine Zufallsergebnisse oder übermenschlichen Taten von tollkühnen Einzelgängern. Sie waren vielmehr die Höhepunkte einer bereits zu Beginn des fünfzehnten Jahrhunderts in Gang gesetzten Entwicklung, die dann im letzten Jahrzehnt kulminierte. Das Verdienst dafür gebührt letztendlich Prinz Heinrich, genannt der Seefahrer (1394–1460), dem vierten Sohn König Joãos I., der – ohne je zur See gefahren zu sein – zum geistigen Vater des neuen Portugal und machtvollen Wegbereiter der folgenden portugiesischen Expeditionen entlang der afrikanischen Küste wurde.

1415 gründete er in Sagres, an der Südspitze Portugals, eine Akademie, wo, zumeist auf den Erkenntnissen jüdischer und arabischer Wissenschaftler basierend, Geographie, Astronomie und der

Umgang mit nautischen Instrumenten, mit Kreuzstab, Astrolabium, Quadrant und Genueser Nadeln gelehrt wurde. Lissabon blieb zwar das Zentrum von Handel, Seefahrt und Wissenschaft, auf das allmählich ganz Europa blickte; das, was wir heute »Forschung« nennen, fand in Sagres statt. Dort wurden alle Berichte zusammengetragen, Roteiros (Seespiegel, Logbücher) der heimkehrenden Seefahrer ausgewertet, Landmarken, Untiefen, Ankerplätze und andere navigatorische Hinweise in Karten übertragen und somit die Voraussetzungen für ein allmähliches Vordringen nach Süden geschaffen.

Dies alles geschah zweifellos nicht nur aus reinem Forschungsdrang; handfeste wirtschaftliche und politische Überlegungen waren durchaus mit im Spiel, und es ist gewiß nicht übertrieben, wenn man annimmt, daß bereits Prinz Heinrich bei seinen Plänen für die Umschiffung Afrikas an einen direkten Zugang zu den Ländern Asiens dachte, deren Reichtum an Gewürzen und Bodenschätzen legendär war. Lag dieses Ziel vielleicht auch noch in weiter Ferne, so kündeten doch die ersten Früchte der Arbeit der Akademie bereits eine Wende in der Weltpolitik an: Die Portugiesen wurden in wenigen Jahrzehnten die sichersten Navigatoren der Seefahrer-Nationen und verstanden es darüber hinaus, diesen wissenschaftlichen Vorsprung in greifbare Erfolge umzumünzen. Die Sammlung aller Informationen in einem »Forschungszentrum«, die Mitarbeit der führenden Köpfe auf dem Gebiet der Kartographie, Astronomie, Geographie und anderer Wissenszweige und die systematische Aufbereitung des Materials sollten Folgen haben, die die Welt veränderten. Unablässig wurden nun Schiffe ausgesandt, um den Seeweg um Afrika zu erkunden, galt es doch als gesichert, daß den Süden des unermeßlichen Kontinents eine Landenge mit der Halbinsel Malakka verband.

1415 erreichten die ersten Karavellen Kap Bojador, das allerdings für die folgenden zwanzig Jahre ein unüberwindbares Hindernis darstellte. Die Furcht vor den Schrecken des offenen Meeres, vor unberechenbaren Strömungen und Stürmen, gebot nachdrücklich Einhalt. Erst 1434 gelang es Gil Eanes, das Kap zu umsegeln. Ein Jahr darauf erreichte Baldaya den Rio do Ouro. 1444 entdeckte Nuno Tristão den Senegal, 1454 umrundete Dinis Diaz das Kap Verde, und in den folgenden dreißig Jahren drangen portugiesische Händler bis Sierra Leone vor, fuhren die Goldküste und den Kamerun an und entdeckten den weiteren Nord-Süd-Verlauf der Westküste Afrikas.

Schon zu Lebzeiten Prinz Heinrichs hatten die portugiesischen Könige Duarte und Afonso V. die Expeditionen großzügig unterstützt. Nach dem Tod Heinrichs und besonders unter König João II. (1481–1495) erhielten diese Fahrten einen eindeutigen wirtschaftlichen und politischen Zweck. Die Entdeckung des Seewegs nach Indien wurde zum erklärten Ziel. Wirtschaftlich bedeutete dies: die Brechung des arabischen Handelsmonopols und der Vormachtstellung Genuas und Venedigs; politisch: Bekämpfung des Islams, Unterwerfung und Ausbeutung neuer Länder.

1482–1485 kam Diogo Cão bis zur Kongo-Mündung und erreichte schließlich das heutige Cape Cross in Namibia, nördlich der Walfisch-Bucht, das

Die nördliche Westküste Afrikas
(nach einer Karte von 1738)

er Cabo do Padrão nannte und wo er einen Wappenpfeiler aufstellen ließ, der – und dieser Exkurs sei erlaubt – 1893 von einem deutschen Kapitän namens Becker wiedergefunden und nach Kiel ins Institut für Meereskunde gebracht wurde. Später kam er nach Berlin und befindet sich heute im Museum für Deutsche Geschichte.

Den vorläufigen Schlußpunkt setzte Bartolomeo Diaz, als er zu Beginn des Jahres 1488 das Kap der Stürme (Kap der Guten Hoffnung) umschiffte und am 13. Februar in der heutigen Mossel-Bucht (S. Braz) vor Anker ging. Er stieß noch bis zum Rio do Infante vor, mußte aber umkehren, als sich die geschwächten Mannschaften einer Weiterfahrt widersetzten und meuterten.

Wenn ihm auch der ganz große Erfolg nicht geglückt war, so war doch sein großes Verdienst, den Weg zum Indischen Ozean für weitere Unternehmungen geöffnet zu haben. Daneben war es fast nur von sekundärer Bedeutung, daß seine geographischen Erkenntnisse den Vorstellungen einer Landverbindung von Afrika und Malakka endgültig ein Ende machten. Seine nautischen und geographischen Aufzeichnungen waren von unschätzbarem Wert. König João II. beschloß, neue Schiffe für die Überwindung der letzten Etappe bauen zu lassen, die sich gegen alle Gefahren des Meeres und alle Angriffe kriegerischer Völker behaupten konnten.

Die politische Lage in den Mittelmeerländern zwang João jedoch, sein Augenmerk auf andere Dinge zu richten. Seit der Einnahme von Tanger durch die Portugiesen im Jahre 1471 war der Krieg mit Marokko wieder aufgeflammt, die Bedrohung Europas durch das Osmanische Reich nahm rasant zu, und der Wettlauf mit Spanien bei der Eroberung überseeischer Gebiete machte ein rasches Handeln notwendig. Die größte Gefahr aber stellten die Mohammedaner dar.

Im Mai 1487 entsandte João den Pero de Covilhan, der gut Arabisch sprach, nach Osten. Er sollte in königlichem Auftrag ein Bündnis mit dem Erzpriester Johannes, dessen Königreich man in Äthiopien vermutete, gegen die muslimischen Länder schließen, um gegen die Nordafrikaner einen Zweifrontenkrieg zu führen. Außerdem sollte Covilhan die Länder am Roten Meer und um den Persischen Golf erkunden, die zusammen mit Indien für den sagenhaften Reichtum der italienischen Handelsstädte gesorgt hatten. Mit meist arabischen Kauffahrern gelangte Covilhan von Ägypten nach Aden, an die Malabarküste, lernte die Zentren des Gewürzhandels Goa, Calicut und Cananor kennen, fuhr nach Hormus und die afrikanische Ostküste hinunter bis Sofala, dem unbekannten Goldland, und kehrte nach Kairo zurück, von wo aus er 1491 einen ausführlichen Bericht an João sandte. Er durchquerte auf vielen Wegen die Arabische Halbinsel, sah sich in Dschiddah, Mekka und Medina um und schickte aus Hormus einen zweiten Bericht nach Portugal. Ein Bündnis mit dem Herrscher Äthiopiens kam nicht zustande, obwohl Covilhan die restlichen dreißig Jahre seines Lebens dort am Hofe verbrachte.

Mit seinem großen Rivalen konnte sich Portugal allerdings einigen. 1494, zwei Jahre nach der Entdeckung der Neuen Welt, schloß es mit Spanien den Vertrag von Tordesillas, der die Interessensphären global absteckte: Alle Länder jenseits einer

Grenzlinie 370 Léguas westlich der Kapverdischen Inseln sollten dem spanischen Eroberungsdrang offenstehen, alle Gebiete östlich dieser Grenze aber der portugiesischen Krone gehören.

1495 starb João II., ohne daß er die Früchte dieses Abkommens hätte ernten können. Sein Nachfolger auf dem Thron, Manuel, setzte die Vorbereitungen für die vielversprechende Attacke auf Indien mit Vehemenz fort.

Zwei Dreimaster waren in Auftrag gegeben worden. Das Holz für die Schiffe lag seit einem Jahr in Lissabon. Sie sollten einen größeren Tiefgang als die bewährten Karavellen haben, dafür jedoch seetüchtiger als diese sein. Der vordere und der Hauptmast waren, wie auch der mächtige Bugspriet, mit Rahen getakelt. Der Besanmast trug ein lateinisches, das heißt ein dreieckiges Segel. Die Tonnage war – gemessen am Vorhaben – nach heutigen Vorstellungen lächerlich gering und belief sich auf nur hundert bis hundertzwanzig Tonnen. Die Länge betrug über alles rund zweiundzwanzig Meter, um in Küstennähe und in Flußmündungen manövrieren zu können. Zum Schutz bei den zu erwartenden Kämpfen wurden die Schiffswände oberhalb der Wasserlinie durch eine zusätzliche Panzerung von mächtigen Planken verstärkt. Was dabei an architektonischer Eleganz verlorenging, wurde durch die vergrößerte Sicherheit wieder wettgemacht. Bestückt waren die Schiffe mit jeweils anderthalb Dutzend Kanonen. Die schweren Geschütze waren auf Lafetten montiert, die leichteren waren vornehmlich Bombarden. An Bord befanden sich jeweils ein Beiboot und eine Jolle, die von vier bzw. sechs Mann gerudert wurden.

Diese beiden Schiffe, das Flaggschiff *S. Gabriel* und die *S. Rafael*, wurden für eine Reisedauer von maximal drei Jahren verproviantiert. Ein drittes Schiff, die Bérrio, eine Karavelle von rund fünfzig Tonnen, die man in Lagos einem Kauffahrer namens *Bérrios* abkaufte, sollte die Flottille vervollständigen. Ein mächtiger, rund zweihundert Tonnen verdrängender Frachter mit den Vorräten sollte laut königlichem Befehl die Reise bis zur Bucht S. Braz mitmachen und dort, nachdem er seinen Dienst getan, abgewrackt und verbrannt werden.

Bartolomeu Diaz hatte die Aufsicht beim Bau und der Zusammensetzung der Armada geführt, und seine Afrika-Erfahrung war zweifellos mit eine der Voraussetzungen für eine erfolgreiche Durchführung der geplanten Expedition. Warum aber nicht er selbst, sondern der junge Vasco da Gama das Kommando über die kleine Armada erhielt, ist nicht zufriedenstellend zu klären. Hing es damit zusammen, daß ihn, Diaz, 1488 eine Meuterei daran gehindert hatte, seine Fahrt um Afrika fortzusetzen? Hatte er nicht genügend Durchsetzungsvermögen im Umgang mit seinen erschöpften Mannschaften bewiesen? Der Oberbefehl über eine solche Flotte setzte angesichts des hohen Auftrags und der Unwägbarkeiten der Fahrt Eigenschaften voraus, über die selbst in diesen bewegten Zeiten nicht jeder Kapitän verfügte: Um gegenüber der See, dem Wetter, den Mannschaften, den Krankheiten, der Feindseligkeit der Afrikaner, Araber und Inder, dem tropischen Klima und politischen Intrigen bestehen zu können, bedurfte es neben navigatorischer Fertigkeit einer Mischung aus Diplomatie, Entschlossenheit, Schläue, Geistesgegenwart, Gerechtigkeit, Treue gegen den König und einer Hartnäckigkeit, die selbst in den hoffnungslosesten Situationen nicht zu erschüttern war.

Wer aber war nun dieser Vasco da Gama, der nach Ansicht König Manuels all dies in so hohem Maße mitbrachte, daß selbst ein so erfahrener Kapitän wie B. Diaz daneben nur zweite Wahl war?

Über die Jugend und den Werdegang Vasco da Gamas ist fast nichts bekannt. Er wurde um 1469 (wahrscheinlich früher) in Sines, einem kleinen Ort an der Küste, einhundert Kilometer südlich von Lissabon als dritter Sohn eines königlichen Beamten geboren. Er erlangte offenbar einen gewissen Ruf als fähiger Navigator, was in einem Land erfahrener Seeleute immerhin etwas heißen wollte. Trotz seiner Jugend fiel er João II. auf und erwies diesem 1492 in einer Auseinandersetzung mit den Franzosen gute Dienste. All dies wären vielleicht die Grundlagen für eine solide Karriere zur See oder bei Hofe gewesen, scheint aber allein nicht ausreichend für die Ernennung zum Kommandanten der Indienflotte. Warum die Wahl Manuels auf ihn fiel, ist nicht bekannt. Keine der Begründungen in den Aufzeichnungen portugiesischer Chronisten stimmt mit der anderen überein.

Da Gama selbst gab sich zunächst zurückhaltend, schlug vor, seinen älteren Bruder Paulo damit zu beauftragen – ein geschickter taktischer Schritt, um sich die Dienste eben dieses Bruders zu sichern, ohne die familiäre Hierarchie angetastet zu haben –, und sagte schließlich zu.

Noch größeres Geschick bewies er bei der Besetzung der Schlüsselpositionen auf den Schiffen.

Die Flotte da Gamas

Eine glückliche Mischung von erfahrenen Seeleuten und glänzenden Begabungen unter den jüngeren Navigatoren beweist seinen Scharfblick. Flaggschiff war die *S. Gabriel*, deren Kapitän: Gonçalo Alvarez; als Pilot, das heißt Lotse, fuhr Pero de Alemquer, der schon mit Bartolomeu Diaz ums Kap der Guten Hoffnung gesegelt und 1490 an den Kongo gekommen war. Schiffsschreiber der *S. Gabriel* war Diogo Diaz, der Bruder des Bartolomeu. Das Kommando auf der *S. Rafael* führte Paulo da Gama; als Lotse fungierte João de Coimbra; Schreiber war João de Sá, der spätere Schatzmeister der portugiesischen Krone in Indien.

Kapitän der *Bérrio* war Nicolao Coelho, ein Freund Vascos, der schon 1500 mit Cabral und 1503 mit Albuquerque wieder nach Indien fuhr. Lotse auf der *Bérrio* war Pero Escobar, Schiffsschreiber Álvaro de Braga, der spätere portugiesische Faktor in Calicut. Als Kapitän des Proviantschiffs ist Gonçalo Nunes überliefert.

Als Dolmetscher wurden Fernão Martins (für Arabisch) und Martin Afonso (für Negersprachen) angeheuert. Außerdem machten zwölf zum Tod oder zur Verbannung Verurteilte die Reise mit, die dann vorgeschickt werden sollten, wenn man auf unbekanntem Boden einen unfreundlichen Empfang zu erwarten hatte. Einschließlich dieser Teilnehmer belief sich die Zahl der Mannschaften auf einhundertsechzig Mann, wobei Da Gama auch diese mit Klugheit ausgewählt hatte: Matrosen, Navigatoren, Segelmacher, Zimmerleute und Vertreter verwandter Berufe, Köche und Seesoldaten bildeten eine Truppe, die mit allen Mißhelligkeiten fertigzuwerden versprach.

Man darf annehmen, daß sich der junge Kommandant ebenso umsichtig um die Bereitstellung allen verfügbaren Materials bemüht hat, das ihm nützlich hätte werden können. Alles, was an Karten, Logbüchern, nautischen Tabellen greifbar war, wurde ebenso mitgenommen wie die unerläßlichen Instrumente zur Bestimmung von Zeit und Ort: Kompasse (die »Genueser Nadeln«), Sanduhren und Astrolabien. Allein schon die Tatsache, daß Da Gama einen Brief Manuels an den Samorin, den König von Calicut, mitführte, läßt darauf schließen, daß auch die verschiedensten Aufzeichnungen (wohl nicht zuletzt die von Pero de Covilhan) als Informationsquelle über die Länder am Indischen Ozean dienten, bevor die Flotte Lissabon verließ.

Auf Befehl Manuels wurden ferner drei steinerne Wappenpfeiler an Bord genommen, die – jeder eine halbe Tonne schwer – denen glichen, die schon Diogo Cão und B. Diaz mitgeführt hatten. Auch sie sollten den portugiesischen Machtanspruch im Orient dokumentieren. Dazu kamen noch verschiedene Gebrauchsartikel für den Tausch mit den Eingeborenen und Geschenke für die Landesfürsten: Glasperlen, Korallen, metallene Becken, Mützen, Hüte, Baumwolltuche – Waren von geringem Wert also, die leicht zu entbehren waren. Gold- oder Silbergeräte fehlten in dieser Kollektion völlig.

Im Sommer 1497 sind alle Vorbereitungen abgeschlossen, und am Nachmittag des 8. Juli lichtet das Geschwader in Rastello, dem vier Meilen vor Lissabon liegenden Seehafen im Tejo, gegenüber der Kapelle der »heiligen Maria von Bethlehem« (Belém) die Anker. Auf einem fünften Schiff fährt Bartolomeu Diaz mit, dessen Ziel die portugiesische

Niederlassung S. Jorge da Mina an der Goldküste ist. Und schon bald liefert Da Gama den ersten Beweis für seine Kühnheit und seine feste Absicht, das gesteckte Ziel ohne große Umwege zu erreichen. Im Gegensatz zu seinen Vorgängern tastet er sich nicht die Küste Afrikas entlang, sondern steuert vom Kap Verde direkt nach Süden bis zur Breite des Kaps, dann dreht er nach Osten. Ähnlich geht er später im Indischen Ozean vor, als er von Malindi nach Calicut segelt.

Nach seiner Rückkehr aus Indien erhält Vasco da Gama von Manuel eine relativ bescheidene Staatspension und wird zum »Admiral der Indischen Meere« ernannt – Auszeichnungen, die trotz der damit verbundenen Privilegien und Einkünfte nicht eben von überschäumender königlicher Dankbarkeit zeugen. Daß sich Manuel der Bedeutung Da Gamas Entdeckung bewußt ist, beweist sein Drängen, die Indienroute durch Stützpunkte in Afrika zu sichern. Er ernennt den jetzigen »Dom« Vasco da Gama zum Oberbefehlshaber für alle Armadas, die nun in rascher Folge dorthin ausgesandt werden. Manuel glaubt offensichtlich, ihn durch die Möglichkeit, eigene Geschäfte mit Gewürzen machen zu können, auf leichte Art entschädigen zu können. Doch der so Geehrte verzichtet zunächst auf diese Auszeichnung. Er hat geheiratet und zieht es vor, seine junge Ehe und die Pension zu genießen. Zweifellos war der stolze, hochfahrende Entdecker auch enttäuscht über seinen König und dessen Engherzigkeit.

So sticht am 8. März 1500 eine Flotte von dreizehn

Schiffen und fünfzehnhundert Mann unter dem Kommando von Pero Álvares Cabral in See, der ein Memorandum Da Gamas mit Segelanweisungen und einen versöhnlichen Brief Manuels an den Samorin mit sich führt – und wertvollere Geschenke. Die Verärgerung des Inders über die Ärmlichkeit der Gegenstände, die Da Gama ihm anzubieten die Stirn gehabt hatte, mahnte zur Vorsicht.

Einer Weisung Manuels gemäß, verfolgt Cabral nicht die Route Da Gamas, sondern hält nach den Kapverdischen Inseln auf Südwest und landet am 22. April auf dem südamerikanischen Kontinent. Er nimmt das Land, das er für eine Insel hält, als »Ilha de Vera Cruz« offiziell in portugiesischen Besitz. Zehn Tage später, am 2. Mai, sticht er in Richtung Kap der Guten Hoffnung wieder in See. In einem Sturm im Südatlantik gehen am 24. Mai vier Schiffe verloren, darunter das des Bartolomeu Diaz, der dabei einen elenden Tod erleidet. Die anderen Schiffe umsegeln die afrikanische Südspitze, wobei Diogo Diaz so weit von der Flotte nach Osten abgetrieben wird, daß er Madagaskar entdeckt, den Anschluß an die anderen vollends verliert, alleine die Küste bis zum Roten Meer hinauffährt und dann schließlich nach Portugal zurückkehrt. Sechs Schiffe Cabrals landen in Calicut. Auf Betreiben arabischer Händler, die ihre Geschäfte gefährdet sehen, wird die dortige portugiesische Faktorei von den Indern gestürmt und in Brand gesteckt. Mehr als vierzig Portugiesen werden bei diesem Angriff getötet, worauf Cabral die Stadt bombardieren und zehn arabische Handelsschiffe verbrennen läßt. Die eigentlichen Geschäfte macht er in Cananor und Cochin, wo er Gewürze, Moschus, Porzellan und Tuche einkauft.

Obwohl er 1501 nur fünf Schiffe wieder in die Heimat zurückbringt, machen die Erlöse für diese Waren die Verluste materiell mehr als wett.

Noch im selben Jahr fährt eine kleine Flotte unter dem Kommando von João da Nova nach Indien. Das Bemerkenswerteste dieser Fahrt ist die Entdekkung der Insel St. Helena auf der Rückreise.

Die Zerstörung des arabischen Handelsmonopols und die Eroberung von Calicut, dem Zentrum des Handels mit Afrika, Arabien, den Ländern des Persischen Golfs und Indien, erforderten einen größeren Einsatz. Außerdem waren die ermordeten Portugiesen zu rächen und Portugals Machtansprüche durchzusetzen. Manuel drängte Da Gama zur Aktion, und nach kurzer Vorbereitungszeit war eine neue Flotte gerüstet. Der Admiral der Indischen Meere gebot dieses Mal über zwanzig Schiffe in drei Verbänden. Zehn Schiffe befehligte er selbst. Fünf Schiffe, die sich fortan im Indischen Ozean aufhalten und den arabischen Handel unterbinden sollten, unterstanden Vicente Sodré, dem Onkel Vasco da Gamas. Fünf weitere Schiffe kommandierte Estevão da Gama, ein Neffe des Admirals. Diese sollten vor der Malabarküste kreuzen und die portugiesischen Faktoreien schützen.

Die beiden ersten Verbände lichteten am 10. Februar 1502 die Anker. Das Geschwader Estevão da Gamas folgt am 1. April. Während Dom Vasco die direkte Route fährt, das Kap glücklich umschifft, das Königreich Quiloa erobert und tributpflichtig macht, segelt Estevão zunächst nach Brasilien und stößt in Quiloa mit drei seiner Schiffe zur Hauptflotte. Die beiden anderen erreichen die Kameraden erst bei Angediva. Auch über die Ereignisse dieses Unternehmens geben die Berichte ein anschauliches Bild.

Der wirtschaftliche Erfolg der Reise war groß. Vasco da Gama hatte die Niederlassungen in Sofala und Moçambique gegründet, Handelsverträge abgeschlossen und der Krone Tributpflichtige gebracht. Bei genauem Hinsehen sind seine Erfolge noch viel folgenschwerer gewesen. Er hat die Voraussetzung für die Ausbeutung Ostafrikas und der Länder um den Indischen Ozean geschaffen, die selbst in späteren Jahrhunderten kaum je übertroffen wurde. 1503 ist die Ostküste Afrikas vollständig erforscht; Goa und Malakka, zwei weitere Zentren des Handels, fallen 1509 und 1511 unter der beispiellosen Gewalt des Afonso de Albuquerque, der mohammedanische Einfluß verschwindet fast ganz. Die Einnahme von Hormus und Diu (1515) sichert den Portugiesen die Herrschaft über den Persischen Golf und das Arabische Meer; 1517 setzen sie sich auf Ceylon fest, ein Netz von Faktoreien und Forts hilft, diese Eroberungen zu schützen.

Man sucht vergebens nach entlastenden Momenten, die das Handeln Vasco da Gamas auf seiner zweiten Reise erklären könnten. Auf seiner ersten Indienfahrt hatte er sich durch undiplomatischen Stolz, Anmaßung, Skrupellosigkeit, Argwohn und Unnachsichtigkeit selbst um die möglichen Erfolge gebracht und Haß gegen alles Portugiesische gesät. Seine zweite Reise hinterließ eine breite Spur von nutzlos vergossenem Blut, fast unvorstellbarer Grausamkeit, Tod und Verderben, die nur durch die Schreckensherrschaft eines Albuquerque über-

Eine italienische
Rundansicht der Erde
aus dem 15. Jahrhundert

Affrica:
tripolis
barsilona:
tolleti
gothia magna

troffen werden sollte. Seine Saat ging auf in Kriegs- und Rachefeldzügen, denen sich seine Nachfolger ausgesetzt sahen. Seine Beispiele willkürlichen, kaltblütigen Mordens machten Schule und waren ebenso Ursache schneller Erfolge wie des Verlustes der wertvollsten Besitzungen, die Portugal je hatte. Nach wenigen Jahrzehnten spielten die Portugiesen in Indien keine bedeutende Rolle mehr. Andere Nationen traten ihre Nachfolge an.

Auch nach der Rückkehr von dieser Fahrt erhält Dom Vasco nicht das, was ihm versprochen worden ist. Die schon 1498 verfügte Schenkung von Sines, seinem Geburtsort, scheitert erneut am Widerstand des Sant-Jago-Ordens, der dort die Grundherrschaft innehat. Sein Stolz ist verletzt, seine Habgier bleibt unbefriedigt. Sein hochfahrendes Wesen und seine Kompromißlosigkeit, auch im Umgang mit seinem König, und Manuels Mangel an Großzügigkeit werden ein übriges dazu beigetragen haben, daß sich der verdiente Seeheld grollend zurückzieht. Die wahren Gründe für das Ende seiner Karriere liegen trotz verschiedener Spekulationen der Chronisten und Biographen im dunkeln. Manuel hat ihn dennoch nicht ganz in Ungnade fallen lassen. Da Gama erhält ein ansehnliches Ruhegehalt als Admiral, genießt etliche Steuer- und Zollprivilegien, erhält 1519 Vidigueira als Schenkung, wird im selben Jahr geadelt und »Graf von Vidigueira«.

Während dieser zwei Jahrzehnte führen die in Indien amtierenden Vizekönige ein furchtbares Regiment. Auf jeweils drei Jahre ernannt, üben sie nicht nur eine blutige Herrschaft aus, die auf Raub, Mord und offener Plünderung basiert, sondern verstehen es, sich durch Günstlingswirtschaft, Korruption und Betrug persönlich so zu bereichern, daß sie nach ihrer Amtszeit für den Rest ihres Lebens ausgesorgt haben. Die Kolonie beginnt allmählich zu verfallen. Das ungesunde Klima, Cholera, Malaria und andere Krankheiten dezimieren die Besatzungen. Als Manuel am 13. Dezember 1521 stirbt, tritt sein neunzehnjähriger Sohn als João III. ein desolates indisches Erbe an. Doch er erinnert sich an den unbeugsamen, loyalen Admiral im Wartestand, hofft, durch ihn den Mißständen ein Ende machen zu können, und ernennt ihn zum Vizekönig von Indien.

Im Frühjahr 1524 rüstet sich Vasco da Gama zu seiner dritten Fahrt nach Indien. Die Untätigkeit der vergangenen Jahre und die allmähliche Verbitterung haben ihn nicht fügsamer oder versöhnlicher werden lassen. Er tritt – soweit möglich – noch anmaßender, prunkliebender und unbarmherziger auf als in der Zeit seiner großen Erfolge. Am 9. April verläßt unter seinem Kommando eine Flotte von vierzehn Schiffen mit annähernd dreitausend Mann an Besatzung und Passagieren, das heißt mit Beamten, Soldaten und Seeleuten, Lissabon. Am 8. September gehen die Schiffe bei Dabul an der indischen Küste vor Anker.

Da Gama setzt eine gnadenlose Säuberungswelle in Gang, beendet die Korruption, den illegalen Handel der Beamten mit portugiesischem Staatsgut und macht sich mit einem Katalog rigoroser Verordnungen und drakonischer Strafen daran, Ordnung zu schaffen. Den früheren Vizekönig, Duarte de Menezes, stellt er unter Arrest, doch kann sich dieser mitsamt seinem Geld in Sicherheit bringen.

Während Da Gama mit seiner früheren Energie und der gewohnten Härte die Angelegenheiten seines Königs regelt, ist er bereits krank. Geschwüre am Hals hindern ihn bald am Sprechen; die Hitze, die anstrengenden Reisen und sein ungeheurer Einsatz verschlimmern seinen Zustand rapide. In den beiden letzten Monaten des Jahres dominiert noch einmal sein eiserner Wille über den erschöpften Körper. Dann hilft ihm auch dieser nicht mehr. Er stirbt in der Nacht vom 24. auf den 25. Dezember 1524 in Cochin im Alter von ungefähr vierundfünfzig Jahren.

1534 werden seine sterblichen Überreste nach Portugal gebracht und in Vidigueira beigesetzt. Seit 1898 ruhen sie in der Kirche des Hieronymiten-Klosters in Belém, die König Manuel anstelle der Kapelle von Rastello nach der Rückkehr Da Gamas 1499 hatte bauen lassen.

## *Die Berichte von den Fahrten Vasco da Gamas*

Der einzige authentische Augenzeugenbericht über die Entdeckung des Seewegs nach Indien stammt aus der Feder eines anonym gebliebenen Mitreisenden. Als Autor gilt heute Álvaro Velho, der auf der *S. Rafael*, dem Schiff Paulo da Gamas, als Soldat oder Matrose höheren Ranges Dienst tat. Auch dieser »Roteiro«, wie er in der Folge genannt wurde, ist nicht als Autograph erhalten, sondern nur in einer Abschrift der ersten Jahre des sechzehnten Jahrhunderts, wie Schrift- und Papiervergleiche ergeben haben. Er gehörte ursprünglich dem Kloster Santa Cruz in Coimbra und kam später in die Bibliothek von Porto, in deren Besitz er auch heute noch ist.

Daneben gab es schon früh Beschreibungen der Reiseabenteuer aus der Feder portugiesischer Chronisten, die jedoch entweder auf dem Roteiro selbst fußten (zum Teil im Wortlaut) oder aber auf Hörensagen beruhten und mit phantasievollen Ausschmückungen eher Geschichten als Geschichte festhielten. An erster Stelle sind hier die »Lendas da India« des Gaspar Correa zu nennen, dessen voluminöses Werk mit der ersten Indienfahrt Da Gamas beginnt. Ihm war der Roteiro nicht bekannt, und entsprechend groß ist die Zahl seiner Irrtümer, wenngleich er auch das Atmosphärische auf den Schiffen in lebhaften Farben darzustellen vermochte. Als Sekretär des Afonso de Albuquerque war er zudem selbst in Indien gewesen und kannte die dortigen Verhältnisse. Das erste Buch der »História de descobrimento e conquista da India pelos Portuguezes« von Fernão Lopez de Castanheda erschien 1551 in Coimbra und der erste Teil der »Asia« (eigentlich »História da India«) des João Barros 1552. Beiden lag der Roteiro vor, und sie benutzten ihn als einzige Quelle. Was Wunder, daß das Original neben solchen Gesamtdarstellungen in Vergessenheit geriet und erst im neunzehnten Jahrhundert im Druck erschien. Diogo Kopke gab es 1838 unter dem Titel »Roteiro da Viagem de Vasco da Gama em MCCCCXCVII« in Lissabon heraus. Weitere Ausgaben, auch in anderen Sprachen, folgten. 1898 erschien eine erste deutsche Fassung in der Übersetzung von Franz Hümmerich. Diese bildet eine der Grundlagen für den hier vorliegenden Text. Allerdings hat Hümmerich, der wohl kompetenteste deutsche Da-Gama-Forscher, den Anhang mit dem Bericht über die indischen Königreiche nicht übertragen.

Läßt man die erzählenden Chroniken der Correa, Castanheda und Barros einmal außer acht, so ist die zweite Indienfahrt Da Gamas nur in einigen kürzeren Aufzeichnungen von Teilnehmern zu dokumentieren, die dazu noch unter verschiedenen Aspekten berichten, sich dadurch aber in wesentlichen Punkten ergänzen:

Der Verfasser des hier »Die zweite Indienfahrt Vasco da Gamas« betitelten Berichts ist bis heute unbekannt geblieben. Seine Sprache verrät eine gewisse Bildung, doch scheint er nur einen niederen Rang bekleidet zu haben, da er an keiner der Verhandlungen teilnimmt. Er fährt auf einem der zehn Schiffe, die Vasco da Gama selbst befehligt und die auf direktem Kurs Afrika umsegeln. Am Rande sei hier vermerkt, daß diese Aufzeichnungen die einzigen der Reise sind, die in der portugiesischen Originalfassung erhalten geblieben sind. Die Handschrift ist von Christine von Rohr in den zwanziger Jahren dieses Jahrhunderts in der Nationalbibliothek Wien entdeckt und übersetzt worden. Sie stammt wahrscheinlich aus der Sammlung der Philippine Welser, befand sich bis 1665 auf Schloß Ambras bei Innsbruck und kam zusammen mit anderen Handschriften zur damaligen kaiserlichen Bibliothek nach Wien.

Auch der Autor der mit »Calcoen« überschriebenen Aufzeichnungen fuhr im Flottenverband des Admirals. Er war ein einfacher, ungebildeter flämischer Seemann, der auf dem Schiff *Leitoa* diente. In seinem Tagebuch kommt es immer wieder zu geographischen Irrtümern, die offenbar auf Hörfehlern beruhen, vor allem dann, wenn er irgendwelche Eigennamen in Zusammenhang mit der Reise zu bringen versucht. Dieser Bericht erschien in der niederländischen Originalsprache bereits in den ersten Dezennien des sechzehnten Jahrhunderts als Flugblatt. Der hier vorgestellte Text basiert auf der Übersetzung von H. C. G. Stier, die 1880 erstmals erschien. Der besondere Reiz liegt in der Frische des Eindrucks, dem naiven Staunen, mit dem der Berichterstatter die Wunder der Welt notiert.

Der lange Brief des italienischen Faktors Mateo di Begnino schließlich wird hiermit in der Übertragung von Michael Hörburger zum ersten Mal in Deutsch vorgestellt. Begnino, der Sprache nach ein Venezianer, reiste im Auftrag des Francesco Affaitato aus Cremona, der als Großkaufmann in Lissabon regelmäßig über die portugiesischen Entdekkungen und die Entwicklung des Afrika- und Indienhandels nach Venedig berichtete. Er sandte sein Schreiben mit dem zweiten der beiden Schiffe nach Portugal, die am 18. und 19. April 1503 von Moçambique absegelten, um die ersten Nachrichten über das Gelingen der Expedition in die Heimat zu bringen. Sie erreichten Lissabon am 20. und 30. August. Affaitato ließ – und dies mag als Beleg dafür dienen, wie wirksam das venezianische Informationsnetz operierte – unverzüglich eine Kopie anfertigen, die bereits Mitte September auf dem Weg nach Italien war, so daß die Erfolge Vasco da Gamas dort schon bekannt wurden, bevor er selbst am 1. Oktober 1503 wieder in Lissabon einlief.

Begnino fuhr im Geschwader Estevão da Gamas,

das am 1. April 1502, sieben Wochen nach der Abfahrt der fünfzehn Schiffe Vasco da Gamas und Vicente Sodrés, in See stach. Es machte einen Umweg über die Ilha de Vera Cruz (Brasilien) und stieß in Quiloa zur Hauptflotte.

Diese drei Berichte ergänzen sich inhaltlich und schildern aus einem jeweils anderen Blickwinkel die Vorgänge während der zweiten Indienreise Vasco da Gamas. Der Portugiese notiert mehr die nautischen und navigatorischen Manöver der Flotte, macht exakte Angaben zur Route und den einzelnen Daten. Beobachtungen zu Land und Leuten findet man bei ihm kaum. Hält er die Ereignisse zur See präzise fest, so schreibt der Flame vor allem die Begegnungen mit den Einwohnern der fremden Länder nieder, schildert Fauna und Flora mit der ganzen Freude des privaten Entdeckens all dieser Neuigkeiten. Der Italiener schließlich konzentriert sich mit dem scharfen Blick des Kaufmanns auf die Landesprodukte und die Handelsmöglichkeiten mit den neuerschlossenen Regionen. Sein Interesse gilt mehr den Preisen, Gewinnspannen und wirtschaftlichen Perspektiven im Rahmen der portugiesischen Kolonialpolitik als Naturschönheiten oder navigatorischen Fragen.

Das Gesamtbild, zu dem sich diese Aufzeichnungen zusammenfügen, erhält dadurch eine thematische Breite von erstaunlicher Vielfalt und läßt die Konquistadoren-Natur Vasco da Gamas im Licht eines rauhen Zeitalters ohne Beschönigungen hervortreten.

Zu guter Letzt sei noch ein Wort zur Edition der Reiseberichte gesagt. Da die Texte für sich sprechen sollen, sind die Anmerkungen und Kommentare auf ein Minimum beschränkt geblieben. Auch kann es nicht die Aufgabe des Herausgebers sein, alle astronomischen, nautischen, geographischen oder ethnologischen Irrtümer des Beschriebenen richtigzustellen oder durch neuere Erkenntnisse zu ergänzen. Dies haben andere bereits mit Erfolg getan (vgl. Hümmerich, Hart, von Rohr). Uns ging es darum zu zeigen, wie das unerhört Neue, wie das direkt Erlebte auf die Reisenden gewirkt hat, und nur dort, wo solche Angaben sinnentstellend sind, werden sie erklärt. Natürlich sind die Beobachtungen aus diesen ersten Entdeckungsfahrten in den letzten fünfhundert Jahren korrigiert und ergänzt worden. Wir wissen selbstverständlich mehr über diese Länder, als in den Berichten der Entdecker steht, aber ist es nicht gerade die unmittelbare Frische des ersten Augenblicks, die eine derartige Lektüre so faszinierend macht?

Die Schreibweise der Eigennamen ist behutsam modernisiert und zum besseren Verständnis – soweit es sich als notwendig erwies – vereinheitlicht worden. Dort, wo sie leicht zu identifizieren sind, blieben sie unangetastet.

Gernot Giertz

# Die erste Indienfahrt Vasco da Gamas

Im Namen Gottes, amen! Im Jahre 1497 entsandte König Dom Manuel, der erste dieses Namens in Portugal, vier Schiffe auf Entdeckungen aus, die nach Gewürzen fahren sollten. Als Kommandant dieser Schiffe fuhr Vasco da Gama, und von den anderen Schiffen befehligte eines sein Bruder Paulo da Gama und ein anderes Nicolao Coelho.

An einem Samstag – es war der 8. Juli besagten Jahres 1497 – traten wir von Rastello aus unsere Fahrt an, die Gott der Herr wolle zum Ziele führen lassen. Amen!

Am folgenden Samstag kamen wir in Sicht der Kanarischen Inseln und fuhren in derselben Nacht östlich an Lanzarote vorbei. In der folgenden Nacht fanden wir uns gegen Morgen auf der Höhe von Terra Alta, wo wir ungefähr zwei Stunden fischten. Am selben Abend, bei Einbruch der Nacht, hatten wir den Rio do Ouro hinter uns. Dann wurde die Dunkelheit so groß, daß Paulo da Gama sich von dem ganzen Geschwader weg nach dem einen Ende verlor und der Kommandant nach dem anderen. Und als es Morgen geworden war, hatten wir weder Sicht von ihm noch von den anderen Schiffen, und wir nahmen den Weg über die Kapverdischen Inseln, weil wir Befehl hatten, daß diese Route genommen werden sollte, wenn ein Schiff abgetrieben würde. Am folgenden Sonntag bei Tagesanbruch sahen wir die Ilha do Sal, und sehr bald danach, eine Stunde später, hatten wir Sicht von drei Schiffen, die wir einzuholen versuchten, und wir fanden das Proviantschiff und Nicolao Coelho und Bartolomeu Diaz, der in unserer Gesellschaft nach S. Jorge da Mina fuhr, die ebenfalls den Kommandanten verloren hatten. Nachdem wir beisammen waren, verfolgten wir unseren Weg weiter, nur der Wind fing allmählich an uns zu fehlen, so daß wir in einer Windstille bis zum Mittwoch morgen fuhren. Und an diesem Tage, um 10 Uhr morgens, kam das Schiff des Kommandanten ungefähr fünf Léguas vor uns in Sicht, und zu unserer großen Freude konnten wir gegen Abend wieder miteinander sprechen, und wir gaben viele Schüsse ab und ließen die Trompeten blasen, alles aus lauter Freude darüber, daß wir uns wiedergefunden hatten.

Am anderen Tage – es war Donnerstag – kamen wir zu der Insel San Tiago, wo wir in der Bucht von S. Maria Anker warfen, so recht zu unserer Freude und Jubel. Dort nahmen wir Fleisch und Wasser und Brennholz ein und besserten die Rahen wieder aus, die sehr gelitten hatten. Und an einem Donnerstag – es war der 3. August – fuhren wir weiter, nach Osten zu, und eines Tages, als wir mit Südwind segelten, brach dem Kommandanten die große Rahe. Das geschah am 18. August und mochte wohl zweihundert Léguas von der Insel San Tiago sein, und wir lavierten mit dem Fock- und Besansegel zwei Tage und eine Nacht, und am 22. Tag des August, während wir nach Südwest seewärts fuhren, erblickten wir viele Vögel, die wie Reiher aussahen. Und als die Nacht kam, zogen sie nach Südosten, sehr schnell, so wie Vögel, die dem Lande zuflogen, außerdem sahen wir an diesem Tage noch einen Walfisch, und das gut achthundert Léguas im Meer.

Am 27. Oktober, am Tag von Simon und Judas – es war ein Freitag –, fanden wir viele Walfische und einige Tiere, die man Seehunde nennt, und Seelöwen.

An einem Mittwoch, dem 1. November – es war Allerheiligen –, entdeckten wir vielerlei Zeichen von Land, nämlich verschiedene schwimmende Tangarten, wie sie normalerweise entlang der Küsten wachsen.

Am vierten Tag desselben Monats, einem Samstag, fanden wir zwei Stunden vor Morgen bei höchstens hundertzehn Faden Tiefe Grund, und um 9 Uhr morgens kam Land in Sicht. Darauf vereinigten wir uns alle und grüßten den Kommandanten mit vielen Flaggen und Wimpeln und Salutschüssen, und wir waren alle dabei festlich angezogen. Noch am selben Tag kehrten wir ganz nah am Land wieder nach der hohen See um und verzichteten, zu erforschen, wie das Land beschaffen sei.

Am Dienstag fuhren wir auf die Küste zu, und es kam ein niedriges Land mit einer weiten Bucht in Sicht. Der Kommandant schickte den Pero de Alemquer in einem Boot ab, um herauszufinden, ob es einen guten Ankerplatz gäbe, und Alemquer fand die Bucht gut und sicher und geschützt gegen alle Winde, außer gegen Nordwest; sie erstreckt sich in westöstlicher Richtung, und Vasco da Gama gab der Bucht den Namen S. Helena.

Am Mittwoch warfen wir in der besagten Bucht Anker und blieben acht Tage dort liegen, reinigten die Schiffe, besserten die Segel aus und frischten unsere Holzvorräte auf.

Vier Léguas südöstlich dieser Bucht liegt ein Fluß, der aus dem Inneren des Landes kommt. Er ist an der Mündung einen Steinwurf breit, zwei bis drei Faden tief und heißt Rio de Santiago.

In diesem Lande wohnen Menschen von brauner Hautfarbe, die sich von Seelöwen ernähren, von Walfischen, Gazellenfleisch und von Pflanzenwurzeln. Sie gehen in Felle gekleidet und tragen über ihren Geschlechtsteilen eine Art von Scheide. Ihre Waffen sind im Feuer gehärtete Hornstücke, die sie in Stöcke von wildem Ölbaum einsetzen; und sie halten sich viele Hunde, gerade wie die Portugiesen auch, und diese bellen in derselben Manier.

Die Vögel dieses Landes sind, ebenfalls wie die in Portugal, Seeraben, Möwen, Tauben, Haubenlerchen und viele andere Arten. Das Land macht einen sehr gesunden Eindruck, hat ein gemäßigtes Klima und einen guten Graswuchs.

Einen Tag nachdem wir Anker geworfen hatten – es war ein Donnerstag –, gingen wir mit dem Kommandanten an Land und fingen einen der Eingeborenen. Dieser war klein von Gestalt und ähnelte Sancho Mexia, einem Mitglied unserer Besatzung. Er hatte in der Heide Honig gesammelt, weil in diesem Lande die Bienen den Honig unten in den Büschen bereiten. Wir nahmen unseren Gefangenen mit auf das Schiff des Kommandanten, der ihn dann zu sich an den Tisch setzte, und von allem, was wir aßen, aß er auch. Am folgenden Tag ließ der Kommandant ihm schöne Kleider anziehen und ihn wieder an Land bringen. Tags darauf kamen vierzehn oder fünfzehn von ihnen dorthin, wo wir die Schiffe liegen hatten. Vasco da Gama ging an Land und legte ihnen verschiedene Waren vor, um zu erfahren, ob ihr Land irgendeine davon hervorbrächte, und zwar Zimt und Gewürznelken, Edelsteine und Gold und noch andere Dinge, aber sie verstanden nichts von den Waren, so wie Menschen, die so etwas noch nie gesehen hatten, und der Kommandant gab ihnen deshalb Schellen und Ringe von Zinn. Dies geschah am Freitag und ebenso am darauffolgenden Samstag. Am Sonntag kamen etwa vierzig oder fünfzig von ihnen, und wir gingen, nachdem wir gegessen hatten, an Land und tauschten Kupfermünzen, die wir mitgenommen hatten, gegen Muscheln ein, die sie am Ohr trugen und die versilbert schienen, und gegen Fuchsschwänze, die sie an Stöcken festgebunden hatten und mit denen sie sich Luft zufächelten. Ich kaufte mir für einen Ceitil die Scheide, die einer von ihnen am Geschlechtsteil trug. Kupfer schien uns deshalb hoch bei ihnen im Wert zu stehen, weil sie selbst kleine Kettchen von Kupferkernen im Ohr trugen.

Am selben Tag wollte ein gewisser Fernão Velloso, der auf dem Schiff des Kommandanten fuhr, mit zu den Hütten der Eingeborenen gehen, um zu sehen, wie sie lebten und was sie äßen, kurzum, wie ihre Lebensweise wäre. Und er bat den Kommandanten um Erlaubnis, mit ihnen zu den Hütten der Eingeborenen zu gehen. Vasco da Gama, der sich von ihm belästigt sah und ihn nur durch diese Erlaubnis loswerden konnte, ließ ihn mitgehen. Und während wir zum Schiff des Kommandanten zum Essen zurückgingen, entfernte er sich in Gesellschaft der besagten Schwarzen. Nachdem sie uns verlassen hatten, erlegten sie einen Seelöwen und gingen zum Fuß einer Bergkette in ein Dickicht, brieten den Seelöwen und gaben ein Stück davon dem Fernão Velloso, der sie dahin begleitet hatte, und desgleichen von den Pflanzenwurzeln, die sie aßen. Nachdem sie mit dem Essen fertig waren, sagten sie ihm, er solle zu den Schiffen zurückgehen, denn sie wollten nicht, daß er sie weiter begleitete. Besagter Fernão Velloso fing, sobald er das Ufer gegenüber den Schiffen erreicht hatte, sogleich an, uns zu rufen, während die Schwarzen in dem Gebüsch verharrten. Wir waren noch beim Essen, und als wir ihn hörten, standen sogleich die Kapitäne und wir anderen mit ihnen vom Essen auf, setzten uns in das Segelboot und fuhren auf das Ufer zu, während die Schwarzen begannen, längs dem Strande auf Velloso zuzulaufen. Sie waren zur gleichen Zeit bei ihm wie wir. Als wir ihn in das Boot aufnehmen wollten, fingen sie an, mit Speeren zu werfen, die sie bei sich hatten, und sie verwundeten den Kommandanten und weitere drei oder vier Leute. Dies war nur möglich, weil wir ihnen getraut und geglaubt hatten, sie hätten nicht genügend Mut und würden nicht wagen, das zu tun, was sie nun getan hatten. Deshalb waren wir auch unbewaffnet losgefahren. Dann zogen wir uns zu den Schiffen zurück.

Als wir unsere Schiffe wieder instand gesetzt, gereinigt und genügend Holz geschlagen hatten, fuhren wir an einem Donnerstagmorgen, es war der 16. November, von diesem Lande ab, wobei wir im ungewissen waren, wie weit wir noch vom Kap der Guten Hoffnung entfernt waren. Pero de Alemquer meinte, wir könnten höchstens noch dreißig Léguas bis zum Kap haben. Der Grund, warum er sich nicht genau festlegen wollte, war der, daß er eines

Tages am Morgen vom Kap abgefahren und bei günstigem Wind in der Nacht an dieser Bucht vorübergefahren war und daß sie zuvor den Hinweg ebenfalls auf offener See gemacht hatten, so daß er die Entfernung zu Land nicht genau nennen konnte. So gingen wir nun in südöstlicher Richtung in See, und am Samstagabend kam das besagte Kap der Guten Hoffnung in Sicht. Wir wendeten und hielten zunächst aufs offene Meer, um dann in der Nacht beizudrehen und wieder auf die Küste zuzufahren. Am Sonntagmorgen, es war der 19. November, kamen wir abermals auf die Höhe des Kaps, konnten es aber nicht bezwingen, weil der Wind Südsüdost war und das Kap selbst Nordost-Südwest liegt, so daß wir unser Manöver wiederholten. Wir drehten ins offene Meer, wendeten und fuhren Montag nacht wieder dem Lande zu. Am Mittwochmittag endlich glückte es uns, vor dem Winde um besagtes Kap, der Küste entlang, herumzufahren. Und nahe dem Kap der Guten Hoffnung liegt nach Süden hin eine weite Bucht, die gut sechs Léguas ins Land hineingeht und an ihrer offenen Seite gut ebensoviel Léguas haben wird.

Am 25. Tag besagten Monats, an einem Samstagabend, dem Tag der heiligen Katharina, fuhren wir in die Bucht von S. Braz ein, in der wir dreizehn Tage ankerten, während wir dort das Proviantschiff abtakelten und den Proviant in unsere Schiffe umluden.

Am folgenden Freitag, als wir noch in der besagten Bucht von S. Braz lagen, näherten sich uns ungefähr neunzig Schwarze, die denen in der S.-Helena-Bucht ähnelten. Ein Teil von ihnen kam herunter an den Strand, ein Teil von ihnen blieb auf den Anhöhen. Wir waren um diese Zeit gerade alle, oder doch der größte Teil von uns, auf dem Schiff des Kommandanten, und als wir sie sahen, fuhren wir mit den Booten, die wir gut bewaffnet hatten, zum Land. Und als wir dem Ufer nahe kamen, warf ihnen der Kommandant Schellen hinaus ans Ufer, und sie hoben diese auf und nahmen nicht nur die, die man ihnen zuwarf, sondern sie kamen sogar danach gelaufen und nahmen sie aus der Hand des Kommandanten, worüber wir uns sehr wunderten. Denn als Bartolomeu Diaz hier war, flohen sie vor ihm und nahmen nichts von dem, was er ihnen schenken wollte; vielmehr, eines Tages, als sie an einem vortrefflichen Wasserplatz, der hier nahe an der Küste liegt, Wasser einnahmen, hatten sie ihn von der Spitze eines Hügels über diesem Wasserplatz mit Steinwürfen daran zu hindern gesucht, und Bartolomeu Diaz ließ mit einer Armbrust auf sie schießen und tötete einen von ihnen. Und welchem Umstand wir es zuschrieben, daß sie nicht flohen? Weil sie, wie uns schien, Nachrichten von der S.-Helena-Bucht hatten, wo wir zuerst an Land gegangen waren – vom einen Land zum anderen sind es nur sechzig Léguas –, daß wir Leute seien, die niemandem etwas Böses zufügten, sondern eher etwas von unserer Habe verschenkten. Der Kommandant wollte an dieser Stelle nicht an Land gehen, weil dort, wo die Eingeborenen sich aufhielten, ein dichtes Gehölz war. Er wechselte den Ort, und wir ankerten an einer anderen offenen Stelle, dort stieg er aus, und wir machten den Negern Zeichen, zu uns herüberzukommen, und sie kamen auch. Der Kommandant und die übrigen Kapitäne gingen mit der bewaffneten

Mannschaft, unter der auch einige Armbrustschützen waren, an Land. Der Kommandant bedeutete den Eingeborenen durch Zeichen, sie sollten sich aufteilen und einzeln oder zu zweit herankommen. Und denen, die kamen, gab der Kommandant Schellen und rote Mützen, und sie gaben uns Ringe von Elfenbein, die sie an den Armen trugen. Denn es gibt in diesem Lande offensichtlich viele Elefanten, und wir fanden auch die Spuren ihrer Verwüstung in der Nähe des Wasserplatzes, zu dem sie zur Tränke kamen.

Am Samstag kamen ungefähr zweihundert Schwarze, groß und klein durcheinander, und brachten zwölf Stück Vieh mit, Ochsen und Kühe, und vier oder fünf Hammel, und wir gingen, als wir sie kommen sahen, sofort an Land. Und sogleich fingen sie an, vier oder fünf Flöten zu spielen, und die einen spielten hoch und die anderen tief, so daß es sehr schön zusammenklang für Neger, von denen man keine Musik erwartet, und dazu führten sie einen Negertanz auf. Und der Kommandant ließ die Trompeten blasen, und wir tanzten in den Booten, und der Kommandant tanzte auch mit uns. Nachdem das Vergnügen zu Ende war, gingen wir an derselben Stelle an Land wie das vorige Mal und tauschten dort für drei Armbänder einen schwarzen Ochsen ein, den wir sonntags verzehrten; und er war sehr fett, und sein Fleisch war schmackhaft wie portugiesisches Ochsenfleisch.

Am Sonntag kamen wieder ebensoviele und brachten ihre Frauen und kleinen Buben mit, und die Frauen standen oben auf einer Anhöhe nahe am Meer. Sie brachten viele Ochsen und Kühe und lagerten an zwei Stellen am Meer und spielten und tanzten wie anderntags zuvor. Die Sitte dieses Stammes ist, daß die Buben mit den Waffen im Busch bleiben. Die Männer kamen, um mit uns zu sprechen, und trugen kurze Holzstäbe in der Hand und Fuchsschwänze, die an Holzstäben befestigt waren, mit denen sie sich Luft zufächelten. Und während wir so durch Zeichen miteinander sprachen, sahen wir im Gebüsch die Buben kauern, und sie trugen die Waffen in den Händen. Der Kommandant schickte einen Mann namens Martin Afonso hin und gab ihm Armspangen, daß er einen Ochsen dafür eintauschen sollte. Und die Neger nahmen ihn, sowie sie die Armspangen hatten, bei der Hand und gingen hin und zeigten auf den Wasserplatz, als wollten sie sagen, warum wir ihnen das Wasser weggenommen hätten, und dann fingen sie an, die Ochsen in den Busch zu treiben. Der Kommandant gab uns anderen, als er das sah, den Befehl zum Rückzug, und ebenso gab er dem besagten Martin Afonso denselben Befehl, weil ihm schien, als ob sie irgendeine Verräterei im Sinn hätten. Nachdem wir uns zurückgezogen hatten, fuhren wir wieder dahin, wo wir das erste Mal angelegt hatten, und sie kamen hinter uns drein. Der Kommandant befahl, daß wir, mit Lanzen und Wurfspeeren und geladenen Armbrüsten und mit unserem Brustpanzer versehen, an Land gehen sollten, dies eigentlich mehr, um ihnen zu zeigen, daß wir die Macht besäßen, ihnen Schlimmes zuzufügen, daß wir dies jedoch nur nicht tun wollten. Als sie das sahen, fingen sie an, sich zu sammeln und eilends miteinander zu vereinigen, und der Kommandant befahl, um nicht Anlaß zum Blutvergießen zu geben, daß sich alle nach den Booten zurückziehen sollten.

Nachdem dies geschehen war, ließ er den Schwarzen, um ihnen zu Gemüt zu führen, daß wir ihnen Böses tun könnten und daß wir es ihnen nur nicht tun wollten, zwei Bombarden abfeuern, die hinten in dem Boot standen. Und die Eingeborenen waren alle am Ufer nahe an dem Waldrand aufgestellt, und als sie die Bombarden knallen hörten, fingen sie an, so Hals über Kopf nach dem Busch zu fliehen, daß die Felle, in denen sie gekleidet gingen, und die Waffen auf dem Platze zurückblieben, und erst nachdem sie schon im Busch waren, kamen zwei zurückgelaufen, um diese zu holen. Währenddessen fingen sie an, sich erneut zu sammeln und einen Höhenzug hinaufzuflüchten, und sie trieben das Vieh vor sich her.

Die Ochsen in diesem Land sind sehr groß, so wie die im Alentejo, und so fett, daß man sich wundern muß, und dabei sind sie sehr zahm, und sie sind kastriert, und manche von ihnen haben keine Hörner. Den fetteren legen die Schwarzen hölzerne Saumsättel auf, so wie die in Kastilien, und ein Holzgerüst wie eine Sänfte oben auf dem Sattel und reiten darauf, und denjenigen, die sie verkaufen wollen, stecken sie einen Zweig von Zistenröschen durch die Nase und führen sie daran an Ort und Stelle.

In derselben Bucht liegt, drei Armbrustschüsse vom Land entfernt, eine Insel im Meer, auf der es viele Seelöwen gibt. Manche davon sind so groß wie riesige Bären, und sie sind sehr gefährlich und haben ungeheure Zähne und greifen Menschen an, und keine Lanze, mit welcher Kraft man sie auch

Die Ostküste Afrikas
(nach einer Karte des 18. Jahrhunderts)

schleudert, ist imstande, sie zu verwunden. Daneben gibt es kleinere und andere noch, die sind ganz klein. Und die großen Tiere stoßen ein Gebrüll aus wie Löwen und die kleinen wie jungen Ziegen. Hier fuhren wir zu unserem Vergnügen eines Tages hin und sahen an die dreitausend große und kleine Tiere durcheinander und schossen vom Meere aus mit den Bombarden auf sie. Auf dieser Insel gibt es auch Vögel, die sind so groß wie Enten und können nicht fliegen, weil sie keine Schwungfedern in den Flügeln haben, und man nennt sie Pinguine. Wir töteten davon soviel, wie wir wollten, und besagte Vögel schreien wie Esel. Während wir also in der genannten Bucht von S. Braz lagen und Wasser einnahmen, errichteten wir an einem Mittwoch ein Kreuz und einen Wappenpfeiler in dieser Bucht. Dieses Kreuz machten wir aus einem Fockmast, und es war sehr hoch. Am folgenden Donnerstag, als wir im Begriff waren, von besagter Bucht abzufahren, sahen wir ungefähr zehn oder zwölf Schwarze, die, bevor wir noch schließlich abgefahren waren, sowohl das Kreuz wie auch den Wappenpfeiler niederrissen.

Nachdem wir alles an Bord genommen hatten, was wir brauchten, fuhren wir von dort ab, mußten jedoch noch am selben Tage, zwei Léguas von dort, wo wir aufgebrochen waren, wieder vor Anker gehen, denn es herrschte Windstille. Am Freitag, dem Tag von Mariä Empfängnis, gingen wir morgens unter Segel und setzten unseren Weg fort. Am folgenden Dienstag – es war der Tag vor S. Lucia – gerieten wir in einen großen Sturm und liefen mit kurzgerefftem Focksegel vor dem Wind. Auf dieser Fahrt verloren wir Nicolao Coelho aus den Augen.

Das war morgens; und als es auf Sonnenuntergang zuging, sahen wir ihn vom Mastkorb aus vier oder fünf Léguas hinter uns, und es schien, als ob er uns sähe. Wir machten deshalb Feuerzeichen und gingen vor Anker. Erst als die erste Wache zu Ende ging, vereinigte er sich wieder mit uns, nicht weil er uns schon am Tag gesehen hätte, sondern weil der Wind von der Seite kam und er so notwendig in unserem Kielwasser fahren mußte.

Am Freitagmorgen kam Land in Sicht, und dieses Land ist dort, wo die sogenannten »Niedrigen Inseln« sind, und diese sind fünf Léguas jenseits der »Insel des Kreuzes«. Und von der Bucht S. Braz bis zu dieser »Insel des Kreuzes« sind es sechzig Léguas, und ebensoweit ist es vom Kap der Guten Hoffnung bis hin zur Bucht von S. Braz. Und von den »Niedrigen Inseln« bis zu dem letzten Wappenpfeiler, den Bartolomeu Diaz gesetzt hat, sind es weitere fünf Léguas, und von dem Wappenpfeiler bis zum Rio do Infante noch einmal fünfzehn Léguas.

Am folgenden Samstag passierten wir den letzten Wappenpfeiler, und so wie wir der Küste entlangfuhren, begannen am Lande zwei Menschen den Strand entlang mit in derselben Richtung zu laufen, in die wir fuhren. Dieses Land ist sehr anmutig und gut besiedelt, und wir sahen viel Vieh am Lande weiden, und je weiter wir vorankamen, um so schöner wurde das Land und um so dichter standen die hohen Bäume.

Die folgende Nacht ankerten wir auf der Höhe des Rio do Infante, dem letzten Landstrich, den Bartolomeu Diaz entdeckt hatte, und am folgenden

Tage segelten wir vor dem Wind die Küste entlang bis zum Abend, wo der Wind nach Osten umsprang. Dann gingen wir auf die hohe See und fuhren mit einer Wendung gegen das Meer und einer anderen dem Lande zu bis Dienstag gegen Sonnenuntergang. Dann schlug der Wind nach Westen um. Wir gingen deshalb vor Anker, um am nächsten Tag die Fahrt wieder aufzunehmen und zu ergründen, wo oder in welcher Gegend wir uns befänden. Als der Morgen kam, fuhren wir einen Pfeilschuß von der Küste entfernt weiter und befanden uns um 10 Uhr wieder bei der »Insel des Kreuzes«, die eigentlich sechzig Léguas hinter uns hätte liegen sollen. Daran waren die Meeresströmungen schuld, die hier sehr stark sind. Und noch am selbigen Tag machten wir uns daran, den Weg, den wir schon einmal genommen hatten, noch einmal zu machen, mit starkem Wind im Rücken, der drei oder vier Tage anhielt, so daß wir der Strömungen Herr wurden, von denen wir insgeheim schon befürchtet hatten, daß sie uns nicht zum ersehnten Ziele kommen lassen würden. Und von diesem Tage an wollte Gott in seiner Gnade, daß wir stets vorankamen und nicht mehr zurück. Möge ihm gefallen, daß dies so anhalte!

Bis zum 25. Dezember, dem Weihnachtstag, hatten wir siebzig Léguas neuen Küstenlandes entdeckt. An diesem Tag, bald nach dem Essen, fanden wir beim Aufsetzen eines Beisegels, eine Elle unter dem Mastkorb, einen Riß in dem Mast, der sich in gewissen Abständen öffnete und wieder schloß. Wir richteten den Mast zunächst mit Tauen wieder her, damit er hielte, bis wir in einen geschützten Hafen einlaufen würden, wo wir ihn dann in Ruhe wieder ausbessern könnten. Und am Donnerstag darauf ankerten wir an der Küste und fingen viele Fische. Als es auf Sonnenuntergang zuging, setzten wir von neuem unsere Segel und nahmen unsere Fahrt wieder auf. An dieser Stelle verloren wir einen unserer Anker, weil uns ein Tau gerissen war, mit dem wir verankert lagen.

Und von dort an fuhren wir, ohne einen Hafen anzulaufen, so lange auf dem offenen Meer, bis uns das Trinkwasser knapp wurde und die Speisen nur noch mit Salzwasser zubereitet werden konnten. Zum Trinken gaben sie uns nur noch einen Quartilho täglich, das heißt einen knappen Schoppen, so daß wir gezwungen waren, dringend wieder an Land zu gehen. Und an einem Donnerstag, es war der 10. Januar, kam ein kleiner Fluß in Sicht, und wir warfen dort vor der Küste Anker. Den nächsten Tag fuhren wir in den Booten an Land und trafen dort auf viele Schwarze, Männer und Frauen, die stattlich von Gestalt waren, und es gab einen Häuptling unter ihnen. Vasco da Gama ließ den Martin Afonso, der ja in Manicongo lange Zeit herumgekommen war, an Land gehen und mit ihm noch einen anderen. Und sie wurden gastlich aufgenommen.

Der Kommandant sandte dem schwarzen Häuptling eine Jacke, ein paar rote Hosen, eine Pelzmütze und ein Armband. Und dieser erklärte, daß er uns alles, was es in seinem Lande gäbe und was wir brauchten, mit vielem Vergnügen geben wolle. Dies konnte uns besagter Martin Afonso übersetzen. In der Nacht gingen Martin Afonso und der andere, der ihn begleitete, mit dem Häuptling zu dessen Hütten, um dort zu schlafen, und wir fuhren zurück zu unseren Schiffen. Und während der Häuptling des Weges zog, legte er alles an, was sie ihm geschenkt hatten, und er sagte zu allen, die ihn zu empfangen kamen, sehr zufrieden: »Seht her, was sie mir geschenkt haben!« Und seine Stammesmitglieder klopften ihm zum Gruß auf die Handflächen, das taten sie drei- oder viermal, bis er zum Dorf kam, wo er in dem Aufzug, in dem er kam, durch den ganzen Ort stolzierte, bis er sich dann in seine Hütte zurückzog. Und er befahl, die beiden Männer, die mit ihm gekommen waren, in einem eingezäunten Raume zu bewirten, und schickte ihnen dorthin einen Brei von Hirse, die es hierzulande viel gibt, und ein Huhn, das von denen in Portugal nicht zu unterscheiden war. Und die ganze Nacht hindurch kamen viele Männer und Frauen, um sie zu betrachten, und als es Morgen wurde, kam der Häuptling sie besuchen und sagte ihnen, daß sie nun zurückkehren sollten. Er schickte noch zwei andere Leute mit ihnen, und für den Kommandanten gab er ihnen Hühner mit und erklärte ihnen, daß er das, was sie ihm geschenkt hätten, einem großen Häuptling zeigen wolle, den die Neger hätten, und mit dem er, wie es uns schien, den König dieses Landes meinte. Und als unsere Landsleute zu dem Ankerplatz kamen, an dem die Boote lagen, liefen schon gut zweihundert Schwarze mit ihnen, die gekommen waren, sie zu sehen.

Dieser Landstrich ist, wie uns schien, dicht bevölkert, es gibt darin viele Häuptlinge. Und die Frauen, so schien es uns, waren in Überzahl gegen die Männer, denn immer, wo zwanzig Männer kamen, kamen vierzig Frauen. Und die Häuser dieses Landes sind aus Stroh, und die Waffen dieses Volkes sind sehr große Bogen und Pfeile und eiserne Wurfspeere. Und es gibt in diesem Lande, wie uns schien, viel Kupfer, das sie an den Beinen und Armen und in den krausen Haaren tragen. Desgleichen gibt es Zinn in diesem Land, mit dem sie ihre Dolchgriffe verziert haben; und die Scheiden ihrer Dolche sind von Elfenbein. Die Bevölkerung dieses Landes gibt viel um alles, was aus Leinen gemacht ist, und sie hätten uns viel von besagtem Kupfer gegeben für unsere Hemden, wenn wir sie ihnen hätten geben wollen. Sie haben große ausgehöhlte Flaschenkürbisse, in denen sie vom Meer Salzwasser ins Innere tragen, das gießen sie dann in Erdlöcher am Boden und machen so Salz daraus.

Wir lagen dort fünf Tage und nahmen viel Wasser ein, das die Leute, die uns gerne sehen wollten, sogar in Wagen zu den Booten transportierten. Wir nahmen trotzdem nicht soviel Wasser auf, wie wir gewünscht hätten, denn ein günstiger Wind wehte uns ständig zur Fahrt; und wir lagen ja vor der Küste in der Dünung der hohen See. Diesem Lande gaben wir den Namen »Terra da Boa Gente« und dem Flüßchen den Namen »Rio do Cobre«.

An einem Montag, während wir unseres Weges fuhren, kam ein ganz niedriges Land in Sicht, mit sehr hohen und dichten Wäldern, und als wir auf die Küste zufuhren, erblickten wir einen Strom mit breiter Mündung. Weil es nötig war zu wissen und festzustellen, wo wir waren, so warfen wir Anker, und an einem Donnerstag fuhren wir abends in die

Flußmündung hinein, nachdem die *Bérrio* schon seit dem vorhergehenden Tage, dem 24. Januar, drinnenlag. Dieses Land ist sehr flach und sumpfig und hat große Wälder, deren Bäume viele Früchte von allerlei Art tragen, von denen sich die Bewohner dieses Landes ernähren.

Diese sind Neger und von gutem Körperbau. Sie gehen nackt und tragen nur kleine Stücke Baumwollzeugs, womit sie ihre Scham bedecken, und die Häuptlinge in diesem Land tragen besagte Lappen ein Stückchen größer. Und die Mädchen, die hierzulande schmuck aussehen, haben die Lippen an drei Stellen durchbohrt und tragen darin kleine gedrehte Stücke aus Zinn. Dieses Volk hatte eine rechte Freude an uns und brachte uns in kleinen Booten alles, was sie darin zu ihrem Gebrauche hatten, an Bord. Wir wiederum gingen zu ihrem Dorfe, um dort Wasser zu holen.

Nachdem wir dort zwei oder drei Tage gelegen hatten, kamen zwei Häuptlinge aus dem Landesinnern uns besuchen. Diese waren so verwöhnt, daß sie auf nichts, was man ihnen gab, besonderen Wert legten. Einer von ihnen trug einen Turban mit einem Seidenbesatz auf dem Kopf, der andere eine Kappe von grünem Atlas. Außerdem kam in ihrer Gesellschaft ein junger Mann, der, wie sie uns durch Zeichen zu verstehen gaben, von einem weit entfernten Lande war, und er erzählte, daß er schon große Schiffe wie die, welche wir führen, gesehen hätte, und darüber freuten wir uns sehr, schien es uns doch, daß wir nun bald da hinkommen würden, wohin wir wollten. Die vornehmen Herren ließen am Ufer längs des Flusses, nahe bei den Schiffen, Hütten aus Laub aufschlagen, worin sie ungefähr sieben Tage blieben. Und von dort schickten sie alle Tage Tücher, die Rötelzeichen trugen, zum Tausch zu den Schiffen, und als sie keine Lust mehr hatten dazubleiben, fuhren sie mit ihren Booten wieder den Strom hinauf. Wir blieben in diesem Strom zweiunddreißig Tage liegen, in denen wir unsere Trinkwasservorräte wieder auffrischten, die Schiffe reinigten und den beschädigten Mast der *S. Rafael* wiederherstellten. Es wurden uns dort viele Leute krank. Hände und Füße schwollen ihnen an, und das Zahnfleisch wucherte ihnen so über die Zähne, daß sie nicht mehr essen konnten.* Hier pflanzten wir auch einen Wappenpfeiler auf, dem sie den Namen »Wappenpfeiler des heiligen Rafael« gaben, weil die *S. Rafael* ihn mitgebracht hatte, den Fluß nannten sie »Rio dos Bons Signaes« (Strom der guten Vorbedeutungen).

Von dort segelten wir am 24. Februar, einem Samstag, ab und fuhren am selben Tag aufs offene Meer und in der folgenden Nacht weiter nach Osten, um uns von der Küste zu entfernen, die sehr freundlich anzusehen war. Am Sonntag fuhren wir in nordöstlicher Richtung, und als es Abend wurde, sahen wir drei kleine Inselchen im Meere liegen. Zwei davon haben ausgedehnte Wälder, die dritte ist kahl und klein, kleiner noch als die anderen, es mögen von der einen zur anderen Insel vier Léguas sein. Und weil es Abend wurde, wendeten wir wieder zum offenen Meer und segelten in der Nacht daran vorüber. Am nächsten Morgen segelten wir weiter und setzten so unsere Reise sechs Tage lang

---

* Die Seeleute litten an Skorbut, gegen den es damals noch keine Vorbeugungsmaßnahmen gab.

fort; nachts legten wir jeweils bei. An einem Donnerstag, es war der 1. März, kamen am frühen Abend einige Inseln und Festland in Sicht, von dem später noch die Rede sein wird. Und da es schon spät am Tage war, drehten wir bei und ankerten bis zum Morgen. Dann aber machten wir uns auf, um nach dem Festland zu fahren.

Am Freitagmorgen fuhr Nicolao Coelho in diese Bucht ein, verfehlte aber die Fahrstraße und stieß auf Untiefen. Als er versuchte zu wenden und zu den anderen Schiffen, die hinter ihm herkamen, zurückzufahren, sah er einige Segelbarken von der Stadt dieser Insel auf sich zukommen. Er fuhr zurück und berichtete Vasco da Gama und dessen Bruder voll Freude darüber. Der Kommandant beschloß, nicht auf dem offenen Meere, sondern in der Nähe der Insel Anker werfen zu lassen, und je mehr wir uns dem Lande näherten, desto eifriger folgten uns die kleinen Boote, während uns die Insassen durch Zeichen zu verstehen gaben, wir sollten auf sie warten. Als wir in der Nähe der Insel vor Anker lagen, von der die Barken gekommen waren, fuhren sieben oder acht von ihnen an uns heran, und sie kamen gefahren, und sie bliesen maurische Trompeten, die sie mitgebracht hatten; und sie riefen uns zu, wir sollten einfahren, und wenn wir wollten, so würden sie uns in den Hafen bringen. Und sie kamen auf die Schiffe und tranken und aßen von dem, was wir aßen, und als sie genug hatten, gingen sie, und die Kapitäne faßten den Beschluß, daß sie in diese Bucht einfahren wollten, um den Handel des Volkes kennenzulernen, und daß Nicolao Coelho mit seinem Schiffe voranfahren sollte, um die Einfahrt zu sondieren, und daß, wenn diese es gestatte, sie mit den anderen Schiffen nachkommen wollten. Als Nicolao Coelho sich zur Einfahrt aufmachte, hielt er auf die Spitze der Insel zu. Dabei zerbrach sein Steuerruder, aber er kam wieder in tiefes Fahrwasser, und ich war da gerade bei ihm. Und als wir in das tiefe Wasser kamen, richteten wir unsere Segel und warfen, zwei Armbrustschüsse von der Stadt entfernt, Anker.

Die Einwohner dieses Landes sind von brauner Hautfarbe, haben einen guten Körperbau und gehören zur Sekte des Mohammed und sprechen maurisch. Ihre Kleider sind von Leinen und Baumwolle, sehr fein und vielfarbig gestreift und reich und sorgfältig gearbeitet. Alle tragen Turbane mit einem mit Goldfäden durchzogenen Seidenbesatz auf dem Kopf, und sie sind Kaufleute und treiben Handel mit Arabern, von denen vier Schiffe am Ort lagen, die Gold, Silber, Gewürznelken, Pfeffer und Ingwer führten und silberne Ringe mit Edelsteinen und vielen Perlen und Rubinen, und die Bewohner dieses Landes tragen diese Dinge auch.

Nach dem, was wir von ihren Reden verstanden, waren diese Dinge alle aus fremden Ländern eingeführt, die Araber brächten sie ins Land, mit Ausnahme des Goldes. Weiter vorwärts, dort, wo wir hinführen, gebe es noch viel mehr davon; Edelsteine, andere Kostbarkeiten und Gewürze seien dort in so großem Maße zu finden, daß man sie nicht einzutauschen brauchte, sondern daß man sie nur so in Körben sammeln könne. Dies alles verstand ein Seemann, den Vasco da Gama bei sich hatte und der schon in maurischer Gefangenschaft gewesen war und daher diejenigen verstehen konnte, mit denen wir sprachen. Außerdem erzählten uns die Araber, daß wir auf dem Wege, den wir nehmen wollten, viele Untiefen, aber auch viele Städte längs der Küste finden würden und daß wir auf eine Insel stoßen würden, auf der zur Hälfte Christen wohnten, die mit den Arabern im Krieg lebten, und daß es auf dieser Insel viel Reichtum gäbe.

Weiter sagten sie uns, daß der Herrscher von Abessinien, der Erzpriester Johannes, nicht weit von dort wohne und daß er viele Städte längs des Meeres habe und daß die Bewohner dieser Städte große Kaufleute seien und große Schiffe besäßen, daß aber der Erzpriester Johannes weit drinnen im Lande wohne, so daß man dorthin nur auf Kamelen kommen könne. Die besagten Mauren hatten zwei gefangene indische Christen mitgebracht.

Dies und noch vieles andere erzählten sie uns, worüber wir so froh waren, daß wir vor Freude weinten und Gott baten, es möge ihm gefallen, uns Gesundheit zu geben, auf daß wir sähen, was wir alle so innig wünschten.

In dieser Stadt und auf dieser Insel, die sie Moçambique nennen, war ein Fürst, den sie »Sultan« nannten, der wie ein Vizekönig war, und dieser kam in Begleitung von anderen seiner Leute oftmals zu unseren Schiffen. Und der Kommandant gab ihnen sehr gut zu essen und machte ihm ein Geschenk mit Hüten, Mänteln und Korallen und vielen anderen Dingen. Doch war dieser so verwöhnt, daß er alles gering achtete, was sie ihm gaben, und er verlangte, daß sie ihm Scharlach geben sollten, aber den führten wir nicht mit uns. Doch von dem, was wir hatten, von dem gaben wir ihm.

Vasco da Gama ließ ihm eines Tages ein Festmahl ausrichten, bei dem es viele Feigen und eingemachte Früchte gab, und bat ihn, daß er ihm zwei Lotsen geben möchte, die mit uns führen. Er sagte es unter der Bedingung zu, daß wir dieselben zufriedenstellen könnten, und Vasco da Gama gab ihnen dreißig Goldmetcal und jedem zwei Kaftane; dies geschah unter der Bedingung, daß von dem Tage an, an dem sie den Lohn erhielten, immer einer an Bord bleiben sollte, wenn der andere das Schiff verlassen wollte. Damit waren sie zufrieden. Und an einem Samstag, dem 10. März, reisten wir ab, fuhren jedoch nur ein kurzes Stück und ankerten eine Légua von der Insel S. Jorge entfernt, damit wir dort am darauffolgenden Sonntag ungestört eine Messe lesen lassen konnten und die, die es wollten, Gelegenheit hatten, zu beichten und die Kommunion zu empfangen.

Einer der besagten Lotsen war auf der Insel Moçambique zurückgeblieben, und nachdem wir vor S. Jorge Anker geworfen hatten, bewaffneten wir zwei Boote, um nach ihm zu fahren. In den Booten fuhr in einem der Kommandant und in dem anderen Nicolao Coelho. Und während sie so fuhren, segelten fünf oder sechs Barken mit vielem Volk aus dem Hafen auf sie zu, das Bogen mit sehr langen Pfeilen mit sich führte und kleine Schilde. Diese versuchten sie zu veranlassen, wieder in die Stadt zurückzukehren. Vasco da Gama nahm, als er das sah, den Lotsen fest, den er bei sich hatte, und befahl, mit den Bombarden auf die zu schießen, die in

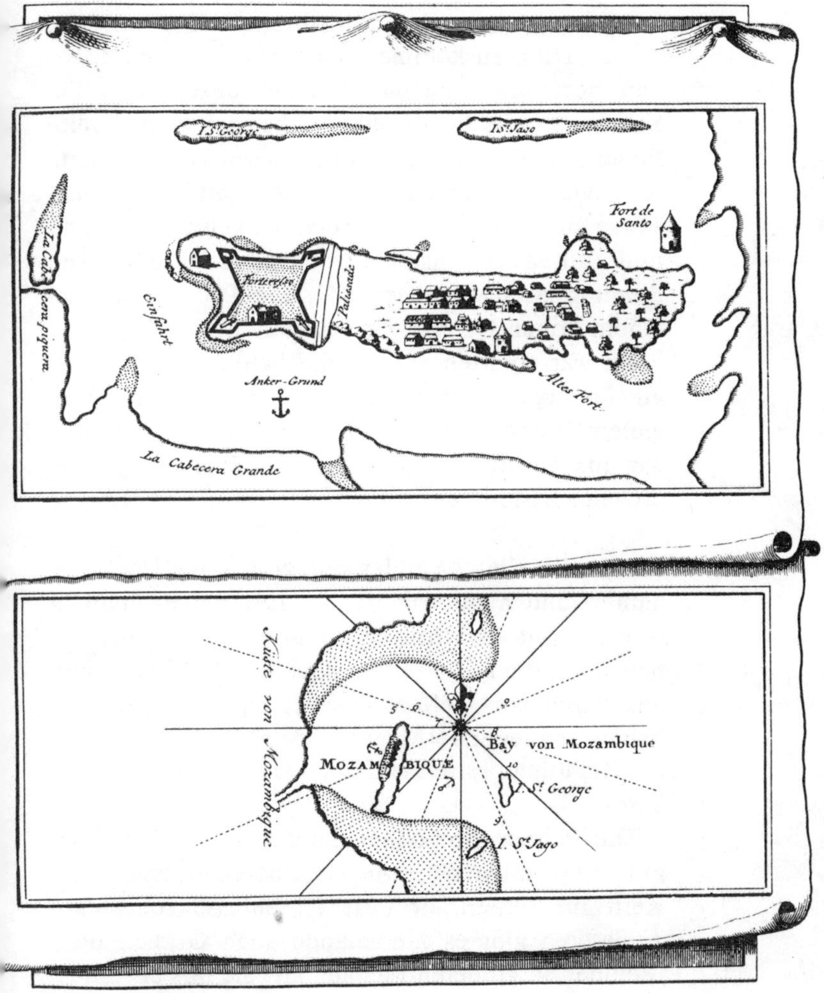
I. S. George
Is. St Jago
Fort de Santo
Forteresse
Palissade
Einfahrt
Anker-Grund
Altes Fort
La Cabecera Grande
Küste von Mozambique
Bay von Mozambique
MOZAMBIQUE
I. St George
I. St Jago

Moçambique

den Barken kamen. Paulo da Gama, der auf den Schiffen geblieben war, um, wenn nötig, von dort aus zu Hilfe zu kommen, ging, als er die Bombarden hörte, mit der *Bérrio* unter Segel, und die Schwarzen, die nicht schon vorher geflohen waren, flohen, als sie das Schiff unter Segel gehen sahen, noch viel hastiger und stießen an Land, bevor die *Bérrio* sie noch erreichte. Auch wir kehrten nun um und fuhren zu unserem Ankerplatz zurück. Am Sonntag lasen wir unsere Messe auf S. Jorge unter einem hohen Gehölz. Und nachdem die Messe gelesen war, kehrten wir auf die Schiffe zurück und gingen sogleich unter Segel und fuhren weiter mit vielen Hühnern und vielen Ziegen und Tauben, die wir uns hier für ein paar Ketten gelber Glasperlen eingetauscht hatten.

Die Schiffe dieses Landes sind groß, ohne Deckaufbauten und nicht von Nägeln zusammengehalten, sondern mit Baststricken zusammengeschnürt, genauso wie die kleineren Barken, und ihre Segel sind aus Palmfasern geflochtene Matten. Die Seeleute haben genuesische Magnetnadeln*, mit denen sie die Richtung bestimmen, und Quadranten und Seekarten.

Die Palmen in diesem Land tragen Früchte so groß wie Melonen**. Die Eingeborenen essen den Kern im Innern, der wie Haselnüsse schmeckt. Außerdem gibt es hierzulande auch Gurken und Melonen in größeren Mengen, die sie uns ebenfalls zum Tausche brachten.

---

* Kompasse
** Kokosnüsse

Am vorausgehenden Freitag, dem Tag, an dem Nicolao Coelho in die Bucht von Moçambique eingefahren war, war der Fürst, der dort herrscht, mit großem Gefolge an Bord seines Schiffes gekommen, und Coelho hatte ihn reichlich bewirtet und ihm eine rote Kapuze überreicht. Der Fürst hatte ihm dafür einen schwarzen Rosenkranz, mit dem er betete, als Amulett gegeben und Nicolao Coelho um ein Boot gebeten, um darin zurückzufahren, was dieser ihm gegeben hatte. Nachdem der Fürst ans Land gesetzt worden war, hatte er die Leute, die ihn hingebracht hatten, mit zu seinem Haus genommen und bewirtet. Dann hatte er ihnen befohlen, zurückzufahren und für Nicolao Coelho einen Topf mit zerstampften Datteln, gemischt mit eingemachten Gewürznelken und Kümmel, mitgegeben. Außerdem hatte er auch Vasco da Gama vielerlei schikken lassen.

Dies geschah, solange er glaubte, wir wären Türken oder Mohammedaner aus irgendeinem anderen Lande, denn sie hatten uns gefragt, ob wir aus der Türkei kämen, und uns gebeten, ihnen die Bogen unseres Landes zu zeigen und unsere Gesetzesbücher. Nachdem sie erfahren hatten, daß wir Christen waren, beschlossen sie, uns verräterisch zu überfallen und zu töten, aber ihr Lotse, den wir mitgenommen hatten, entdeckte uns alles, was sie gegen uns im Schilde führen würden, wenn sich dazu eine Gelegenheit böte.

Am Dienstag kam Land in Sicht, das hinter der vorspringenden Küste hohe Berge hatte. Der Landspitze entlang zog sich ein hohes Gehölz, das nach Ulmen aussah, wenn auch nach sehr dünnen. Und dieser Küstenstreifen ist von der Stelle, von der wir abgefahren waren, wohl höchstens zwanzig Léguas entfernt. Hier lagen wir bei Windstille den Dienstag und den Mittwoch. In der folgenden Nacht gingen wir mit ein bißchen Ostwind ins offene Meer, und als der Morgen kam, waren wir vier Léguas hinter Moçambique, fuhren den ganzen Tag bis zum frühen Abend und warfen bei S. Jorge, der Insel, auf der man uns am vorangegangenen Sonntag die Messe gelesen hatte, Anker und lagen dort volle acht Tage und warteten auf günstigen Wind. Während dieser Zeit ließ uns der König von Moçambique sagen, daß er mit uns Frieden schließen und unser Freund sein wolle. Diesen Frieden vermittelte ein Araber, ein weißer Maure, der Scherif war, was Geistlicher bedeutet, und darüber hinaus ein übler Trunkenbold. Während wir dort lagen, kam ein anderer Araber mit seinem kleinen Sohn, stieg auf eines von unseren Schiffen und erklärte, daß er mit uns fahren wolle, weil er aus der Nähe von Mekka wäre und als Steuermann eines Schiffes von dort hierher nach Moçambique gekommen sei. Da wir kein gutes Wetter bekamen, mußten wir schließlich in den Hafen von Moçambique einlaufen, um Süßwasser aufzunehmen, das wir dringend benötigten und das nur am anderen Festlandufer zu haben war. Dieses Wasser trinken auch die Inselbewohner, weil es dort nur Salzwasser gibt.

An einem Donnerstag fuhren wir in den besagten Hafen ein. Als es Nacht wurde, setzten wir die Boote aus, und gegen Mitternacht fuhren der Kommandant und Nicolao Coelho und einige von uns anderen ab, um zu sehen, wo der Wasserplatz war.

Wir nahmen den maurischen Lotsen mit, der mehr deshalb mitfuhr, um zu entfliehen, wenn er könnte, als um uns zu zeigen, wo Wasser war. Und er geriet so sehr in Verwirrung, daß er uns nicht zu zeigen vermochte, wo es sich befand, oder er wollte es nicht, und so fuhren wir hin und her, bis der Morgen graute. Darauf kehrten wir wieder zu unseren Schiffen zurück. Am Nachmittag fuhren wir noch einmal mit dem Lotsen ans Festland, und als wir nahe bei dem Wasserplatz waren, kamen ungefähr zwanzig Eingeborene den Strand entlang und schwangen Speere in den Fäusten wie zum Kampf, um uns das Wasser streitig zu machen. Vasco da Gama befahl, drei Bombardenschüsse auf sie abzugeben, damit sie uns Platz machten und wir landen könnten. Sobald wir ausstiegen, verbargen sie sich im Dickicht, und wir nahmen Wasser ein, soviel wir wollten. Gegen Sonnenuntergang kehrten wir zurück und stellten fest, daß ein Neger des Steuermanns João de Coimbra entflohen war.

Am Samstagmorgen – es war der 24. März, der Tag vor Mariä Verkündigung – kam ein Maure ans Ufer und rief, daß wir, wenn wir noch Wasser wollten, es uns nur zu holen brauchten, und er gab uns zu verstehen, daß wir dort auf die Richtigen treffen würden. Als Vasco da Gama dies mitbekam, beschloß er, daß wir fahren würden, um ihnen zu zeigen, daß wir ihnen durchaus Schaden zufügen könnten, wenn wir nur wollten. Wir setzten uns, die Boote bewaffnet und mit Bombarden auf dem Hinterdeck, sogleich nach dem Ort in Bewegung. Die Mauren hatten dichte Palisaden aufgebaut und ebenso dichte Bretterzäune, die so eng zusammengefügt waren, daß wir diejenigen, die dahinterstanden, nicht sehen konnten. Andere liefen mit kleinen Schilden, Wurfspeeren, sichelförmigen Messern, Bogen und Schleudern bewaffnet den Strand entlang und schossen Steine auf uns. Wir aber spielten ihnen mit den Bombarden derart auf, daß es ihnen geraten schien, den Strand schleunigst zu verlassen und sich hinter die Palisaden zu werfen, die sie gebaut hatten, was ihnen schließlich mehr Schaden als Gewinn brachte. Damit vergingen etwa drei Stunden. Wir sahen dabei zwei Tote: einen, den wir am Strande getötet hatten, und einen anderen innerhalb der Bretterumzäunung. Als wir es müde waren, kehrten wir zum Essen an Bord zurück, und sie begannen sogleich zu fliehen und ihre bewegliche Habe in Booten nach einem Dorfe zu fahren, das am anderen Ufer liegt. Nach dem Essen machten wir uns mit einigen Booten auf, um zu sehen, ob wir einige von ihnen gefangennehmen könnten, um sie gegen die beiden indischen Christen auszutauschen, die sie gefangenhielten, und gegen den Neger, der uns entflohen war. Wir fuhren deshalb hinter einem Boot des Scherifs her, das mit verschiedenen Gütern beladen war, und noch einem anderen, das vier Neger trug. Dieses enterte Paulo da Gama. Die Insassen des Bootes mit den Gütern flohen, als sie an Land stießen, Hals über Kopf und ließen es an der Küste zurück. Ein anderes fanden wir nicht weit davon ebenfalls verlassen. Die Neger, die wir gefangengenommen hatten, brachten wir auf unsere Schiffe. In den Booten selbst fanden wir viele feine Baumwolltücher und Fruchtkörbe aus Palmblättern, einen glasierten Krug mit Butter und gläserne Fläschchen mit wohlriechenden Flüssigkeiten sowie Bücher ihres Gesetzes und eine Kiste mit vielen Knäueln Baumwolle, ein Baumwollnetz und viele Körbe voll Hirse. All die Dinge, die uns hiermit in die Hände gefallen waren, schenkte der Kommandant den Seeleuten, die dort mit ihm und den anderen Kapitänen dabeigewesen waren, mit Ausnahme der Bücher, die er aufbewahrte, um sie seinem König zu zeigen.

Am folgenden Sonntag holten wir erneut Trinkwasser, und am Montag fuhren wir mit den bewaffneten Booten vor die Stadt. Die Mauren riefen hinter ihren Häusern hervor, weil sie nicht wagten, an den Strand zu kommen. Und nachdem wir mit den Bombarden auf sie geschossen hatten, kehrten wir an Bord zurück; und am Dienstag fuhren wir von der Stadt weg und ankerten nahe bei den Inseln von S. Jorge, wo wir noch drei weitere Tage lagen und warteten, daß Gott uns günstiges Wetter gebe. Am Donnerstag – es war der 29. des besagten Monats – setzten wir unsere Reise fort, doch weil der Wind schwach war, waren wir, als es Samstag morgen wurde, am 31. dieses Monats, erst achtundzwanzig Léguas von den genannten Inseln entfernt.

Bis zu diesem Morgen waren wir nicht weiter vorwärtsgekommen als bis zu dem Landstrich, von dem wir vor einiger Zeit durch die starken Strömungen zurückgetrieben worden waren.

Am Sonntag, dem ersten Tag im April, erreichten wir eine Inselgruppe, die ganz nah am Festland liegt, und der ersten dieser Inseln gab man den Namen »Insel des Gepeitschten«, weil am Samstagnachmittag der maurische Lotse, den wir mitführten, den Kommandanten belogen und ihm gesagt hatte, daß diese Inseln bereits Festland seien. Und für diese Lüge ließ ihn Vasco da Gama durchpeitschen. Die hiesigen Schiffe fahren zwischen dem Festland und den Inseln hindurch, und sie haben vier Faden Tiefgang. Wir allerdings fuhren an der Meeresseite an ihnen vorbei. Diese Inseln sind sehr zahlreich und liegen so nahe beieinander, daß wir sie nicht voneinander unterscheiden konnten; und sie sind bewohnt. Am Montag entdeckten wir andere Inseln, die fünf Léguas weit im Meer liegen.

Am Mittwoch – es war der 4. April – segelten wir weiter in Richtung Nordwest, und noch vor der Mittagsstunde kam ein großes Land in Sicht und zwei nahe dabeiliegende Inseln. Dieses Land ist ringsum von vielen Untiefen umgeben. Als wir uns ihm genügend genähert hatten, damit die Lotsen es erkennen könnten, sagten sie, daß die »Insel der Christen«* drei Léguas hinter uns liege. Wir manövrierten daraufhin den ganzen Tag, um zu sehen, ob wir sie nicht anlaufen könnten, aber weil der Westwind stark war, konnten wir sie nicht erreichen. Darauf beschlossen die Kapitäne, daß wir eine Stadt anlaufen wollten, die vier Tagesreisen vor uns lag, und diese Stadt heißt Mombasa.

Die Insel, von der unsere Lotsen gesagt hatten, sie sei von Christen bewohnt, war die, die wir gesucht hatten. Wir gaben jedoch unser Vorhaben auf, sie zu finden, denn es war bereits spät am Tag, der Wind blies frisch, und wir segelten weiter. Bei Einbruch der Dunkelheit sahen wir, von uns aus im Norden, eine andere Insel von beträchtlicher

* Quiloa, heute Kilwa Kisiwani

Größe*. Auf dieser Insel, so erzählten uns die maurischen Lotsen, die wir an Bord hatten, gebe es eine christliche Stadt und eine andere, die von Mauren bewohnt sei. In der darauffolgenden Nacht fuhren wir aufs offene Meer hinaus, und als es auf Morgen zuging, sahen wir kein Land mehr. Dann wechselten wir den Kurs und machten Fahrt nach Nordwesten, und am frühen Abend sahen wir wieder Land.

In der nächsten Nacht fuhren wir bis zur Frühwache weiter nach Nordwest, dann steuerten wir nach Nordnordwest. Und während wir so mit kräftigem Wind dahinsegelten, fuhr die *S. Rafael* zwei Stunden vor Morgen auf eine Sandbank auf, die zwei Léguas vor dem Festland lag. Sobald dies geschehen war, warnte die Besatzung mit lauten Rufen die Steuerleute der hinter ihr fahrenden Schiffe. Diese warfen, sobald sie das Rufen gehört hatten, einen Bombardenschuß von der *S. Rafael* entfernt Anker und setzten die Boote aus. Da Ebbe war, saß das Schiff bald vollkommen auf dem Trockenen, und die in den Booten warfen viele Anker aus. Als die Tagesflut kam und der Wasserstand am höchsten war, wurde das Schiff wieder flott, worüber wir uns alle nicht wenig freuten.

Auf dem Festland, den genannten Untiefen gegenüber, liegt eine sehr hohe und schön anzusehende Gebirgskette, der sie den Namen »Gebirge des heiligen Rafael« gaben; auch die Untiefen wurden nach unserem Schiff benannt.

Während die *S. Rafael* festsaß, kamen zwei Boote zu ihr und zu uns, deren Besatzung uns viele vor-

---

* Mafia

treffliche Orangen brachte, die besser als die portugiesischen waren. Zwei Eingeborene kamen an Bord und blieben auf dem Schiff, um mit uns am anderen Tag nach der Stadt zu fahren, die Mombasa heißt.

Am Samstagmorgen – es war der siebte Tag des genannten Monats, der Tag vor Palmsonntag – fuhren wir die Küste entlang und erblickten fünfzehn Léguas vom Festland entfernt Inseln im Meere*, die sich wohl über sechs Léguas in die Länge ausdehnten. Diese Inseln liefern viele Mastbäume, mit denen sie dortzulande die Schiffe auftakeln, und sie sind alle von Mauren bewohnt. Bei Sonnenuntergang warfen wir vor besagter Stadt Mombasa Anker, fuhren aber nicht in den Hafen ein. Bei unserer Ankunft kam uns eine mit Mauren dicht besetzte Brigantine zur Begrüßung entgegen, und die vielen Schiffe, die vor der Stadt lagen, wurden in der buntesten Farbenvielfalt beflaggt. Und um ihnen gute Gesellschaft zu leisten, beflaggten wir auch unsere Schiffe, fast noch mehr als sie, weil es uns eigentlich an nichts fehlte, außer an Besatzung, über die wir kaum noch verfügten, denn das wenige an Mannschaft, das wir noch hatten, war schwerkrank. So ankerten wir dort also sehr zufrieden und froh, glaubten wir doch, daß wir am nächsten Tag an Land gehen und mit den Christen, die es dort geben sollte, gemeinsam eine Messe hören könnten. Diese Christen, so sagte man uns, lebten von den Mauren getrennt und hätten sogar einen eigenen Gouverneur. Die Lotsen, die wir bei uns hatten, hatten uns nämlich gesagt, daß auf dieser Insel Mombasa

---

* die Ilhas das Árvores (= Inseln der Bäume)

Mohammedaner und Christen wohnten und daß sie getrennt voneinander lebten, daß beide einen eigenen Herrn hätten und daß uns die Christen, wenn wir zu ihnen gingen, wohl viel Ehre erweisen und uns mit in ihre Häuser nehmen würden. Dies hatten sie uns jedoch nur erzählt, weil es in ihre Pläne paßte, nicht, weil es der Wahrheit entsprochen hätte.

Um Mitternacht näherte sich uns eine Barke mit ungefähr hundert Männern, die alle mit Messern und kleinen Schilden bewaffnet waren. Als sie bei dem Schiff des Kommandanten anlangten, begehrten sie, mitsamt ihren Waffen an Bord zu kommen, ein Ansinnen, das Vasco da Gama ablehnte. So kamen nur vier oder fünf der Vornehmsten von ihnen auf das Schiff und blieben ungefähr zwei Stunden bei uns. Dann gingen sie wieder, und wir waren ganz allgemein der Ansicht, daß sie nur gekommen waren, um zu sehen, ob sie eines von unseren Schiffen hätten entern und uns wegnehmen können.

Am Palmsonntag sandte der König von Mombasa dem Kommandanten einen Hammel und eine größere Menge Orangen, Zitronen und Zuckerrohr und schickte ihm einen Ring als Amulett zu seiner persönlichen Sicherheit in diesem Lande. Er ließ ihn wissen, daß er ihm, wenn Vasco da Gama in den Hafen einfahren wolle, alles geben würde, was er benötigte. Die Überbringer dieser Geschenke waren zwei ganz weißhäutige Männer, die sagten, sie seien Christen, was wir ihnen auch glaubten. Vasco da Gama schickte dem König von Mombasa eine Korallenschnur und ließ ihm sagen, er würde am nächsten Tag in den Hafen einfahren. An diesem Tag blieben vier der vornehmsten Mauren auf dem Schiff des Kommandanten. Vasco da Gama schickte zwei seiner Leute zum König von Mombasa, um die Friedensversicherungen sich erneut bestätigen zu lassen. Als diese an Land kamen, lief sogleich eine beträchtliche Menge Volks zusammen und begleitete sie bis zum Tor des Palastes. Bevor sie vor den König treten konnten, mußten sie vier Tore passieren, vor denen je ein Wächter mit gezogenem Säbel stand. Als sie schließlich dem König gegenüberstanden, empfing sie dieser mit großer Freundlichkeit und ließ ihnen die ganze Stadt zeigen. Sie betraten das Haus zweier christlicher Kaufleute, die den beiden Abgesandten von Vasco da Gama ein Blatt Papier zeigten, auf das der Heilige Geist gemalt war und das sie anbeteten. Nachdem sie alles gesehen hatten, schickte der König dem Kommandanten allerlei Proben von Gewürznelken, Pfeffer und Ingwer und drei Monate altem Getreide und versicherte, daß wir davon so viel laden könnten, wie wir nur wollten.

Am Dienstag, als wir die Anker lichteten, um in den Hafen einzufahren, wollte das Schiff Vasco da Gamas nicht drehen und lief rückwärts auf Grund. Daraufhin warfen wir von neuem Anker. Als die Mauren, die bei uns auf den Schiffen waren, sahen, daß wir nicht losfuhren, zogen sie sich in eine Barke zurück; und während sie schon zurück zum Hafen ruderten, sprangen die Lotsen, die von Moçambique mit uns gekommen waren, über Bord und wurden von denen in der Barke aus dem Wasser gefischt. Als es Abend wurde, ließ der Kommandant zwei der Mauren, die wir bei uns hatten, foltern, um zu erfahren, ob irgendein Verrat geplant gewesen sei. Sie gestanden, daß man vorgehabt hätte, uns zu überfallen, sobald wir in den Hafen eingefahren wären, um Rache zu nehmen für das, was wir in Moçambique getan hatten. Als man daran ging, einen anderen zu foltern, warf sich dieser mit gebundenen Händen ins Meer. Der andere sprang während der Frühwache über Bord.

Um die Mitte der folgenden Nacht näherten sich unseren Schiffen zwei Boote mit vielen Männern, die, während die Barken in einer größeren Entfernung blieben, ins Wasser glitten und auf die *Bérrio* und die *S. Rafael* zuschwammen. Sie kappten unbehelligt das Ankertau der *Bérrio*, da die Wachleute glaubten, es handle sich um Thunfische. Als sie aber gesehen hatten, mit wem sie es zu tun hatten, schrien sie nach den anderen Schiffen hinüber und warnten sie, denn an der *S. Gabriel* hingen sie schon an den Ketten des Fockmast-Takelwerks. Als sich die Eindringlinge entdeckt sahen, glitten und sprangen sie wieder ins Wasser und entflohen.

Diese und viele andere Schurkenstreiche planten die Hunde, aber Gott der Herr wollte nicht, daß sie ihnen gelängen, weil sie nicht an ihn glaubten.

Die Stadt Mombasa ist groß und liegt auf einer vom Meer umspülten Höhe. Sie hat einen Hafen, in den jeden Tag viele Schiffe einlaufen; an der Einfahrt sieht man einen Wappenpfeiler und zum Meer hin eine tief gelegene Festung. Und diejenigen, die an Land gewesen waren, sagten uns, daß sie viele Gefangene in Ketten durch die Stadt hätten gehen sehen. Diese mußten, wie es uns schien, Christen sein, denn die Christen in diesem Land liegen im

Krieg mit den Mauren. Die Christen, die in dieser Stadt wohnen, sind Kaufleute, die sich nur vorübergehend darin aufhalten. Sie sind sehr unterdrückt, denn sie dürfen nicht mehr tun als das, was ihnen der maurische König befiehlt. Nachdem wir die Bosheit und Schurkerei erkannt hatten, die diese Hunde gegen uns ins Werk setzen wollten, blieben wir nur noch den Mittwoch und den Donnerstag, dann fuhren wir mit wenig Wind morgens von dort ab. Als wir ungefähr acht Léguas zwischen uns und Mombasa gebracht hatten, gingen wir nahe der Küste vor Anker. Im Morgengrauen des folgenden Tages erblickten wir auf der Leeseite, ungefähr drei Léguas im Meer, zwei Barken, und wir hielten sogleich darauf zu, um sie aufzubringen, weil wir uns Lotsen verschaffen wollten, die imstande waren, uns dort hinzuführen, wohin wir wollten. Gegen Abend erreichten wir eine dieser Barken und brachten sie auf. Die andere entkam uns und konnte sich an die Küste retten. In der, die wir erbeutet hatten, fanden wir siebzehn Menschen sowie Gold, Silber, Hirse und andere Lebensmittel und ein junges Weib, die Frau eines alten Mannes, eines angesehenen Mauren, der auf der Barke unterwegs war. Als wir uns ihnen näherten, sprangen sie alle ins Meer, doch wir fuhren mit unseren Booten zu ihnen und fischten sie alle wieder heraus.

Noch am selben Tag bei Sonnenuntergang gingen wir gegenüber einem Ort, der Melinde heißt, vor Anker. Dieser ist dreißig Léguas von Mombasa entfernt; und zwischen Mombasa und dieser Stadt Melinde liegen folgende Orte: Benapa, Toça und Nuguo-Quioniete.

Am Ostersonntag sagten uns die Mauren, die wir

zu Gefangenen gemacht hatten, daß in der besagten Stadt Melinde vier Schiffe von Christen lägen, die aus Indien seien, und daß sie uns ihrerseits christliche Lotsen geben wollten, wenn wir sie dahin bringen wollten. Überdies versprachen sie, uns mit Fleisch und Wasser und Brennholz und anderen Dingen zu versorgen. Und weil dem Kommandanten daran gelegen war, einheimische Lotsen zu bekommen, fuhren wir, nachdem wir mit den Mauren einig geworden waren, weiter und warfen direkt vor der Stadt, eine halbe Légua vom Ufer entfernt, Anker. Da die Bewohner der Stadt schon benachrichtigt waren und wußten, daß wir eine Barke mit Mauren erbeutet hatten, wagten sie nicht, auf die Schiffe zu kommen.

Am Montagmorgen ließ Vasco da Gama den besagten alten Mauren auf einer Sandbank absetzen, die der Stadt gegenüberliegt, und dorthin kam auch ein Boot, um ihn von dort wegzuholen. Der Maure ging und teilte dem König die Wünsche des Kommandanten mit und wie sehr sich dieser freuen würde, Frieden mit ihm zu schließen. Nach dem Mittagsmahl kam der Maure auf einer Barke des Königs von Melinde zurück. Er wurde von einem Ritter und einem Scherif begleitet. Der König schickte Vasco da Gama drei Hammel und ließ ihm sagen, wie sehr er sich freuen würde, wenn Frieden zwischen ihnen sei und sie gute Freunde würden. Wenn wir aus seinem Lande irgend etwas benötigten, würde er es uns gerne geben, sowohl Lotsen als auch alles andere. Der Kommandant ließ ihm ausrichten, daß er am folgenden Tag in den Hafen einfahren würde, und schickte ihm sogleich durch die Abgesandten einen langen Kaftan, zwei Korallenschnüre, drei Metallbecken, einen Hut, Schellen und zwei Stücke gestreiften Baumwolltuchs.

Am Dienstag legten wir uns direkt vor die Stadt, und der König schickte dem Kommandanten sechs Hammel und viele Gewürznelken, Kümmel und Ingwer, Muskatnüsse und Pfeffer und ließ ihm sagen, daß er sich am Mittwoch mit ihm auf dem Meer treffen wolle. Er selbst würde in seiner Barke kommen, der Kommandant solle eines seiner Boote benutzen. Am Mittwoch nach dem Essen kam der König in einer Barke angefahren und drehte in der Nähe unserer Schiffe bei. Der Kommandant ließ sich in seinem prächtig hergerichteten Boot zu ihm rudern, und als er ihn erreichte, begann der König sogleich ein Gespräch mit ihm. Sie wechselten viele freundliche Worte, unter anderem auch die folgenden:

Der König lud den Kommandanten ein, in sein Haus zu kommen und sein Gast zu sein, er wolle dafür auch unsere Schiffe besuchen. Doch sagte ihm Vasco da Gama, daß er von seinem Herrn keine Erlaubnis habe, an Land zu gehen, und daß dieser, der ihn ja hierhergeschickt habe, eine schlechte Meinung von ihm haben müßte, wenn er es dennoch tun würde. Der König entgegnete darauf, welche Meinung sein Volk wohl von ihm hätte, wenn er an Bord unserer Schiffe käme. Dann fragte er, wie unser König heiße, und befahl, es aufzuschreiben. Er sagte, wenn wir von Indien über Melinde zurückkehrten, würde er einen Gesandten an unseren Hof schicken oder zumindest ein Schreiben für unseren König mitgeben.

Nachdem sie sich gründlich ausgesprochen hatten und alle Fragen beantwortet waren, schickte der

Kommandant nach allen maurischen Gefangenen, die wir hatten, und übergab sie dem König, der sich darüber sehr zufrieden zeigte und sagte, dies sei ihm mehr wert, als wenn man ihm eine Stadt geschenkt hätte.

Und der König fuhr vergnügt um unsere Schiffe herum, von wo sie ihm zu Ehren viele Bombarden abschossen, und er freute sich sehr, sie schießen zu sehen. Darüber vergingen ungefähr drei Stunden, und als der König wieder abfuhr, ließ er einen seiner Söhne und einen Scherif bei uns an Bord zurück, während zwei von unseren Leuten mit zu seinem Hause gingen. Er hatte selbst darum gebeten, daß diese Besucher mitkämen, um seinen Palast zu besichtigen. Und er sagte ferner dem Kommandanten, wenn dieser schon nicht an Land gehen wolle, so möge er doch am folgenden Tage wenigstens den Strand entlang fahren, denn er werde seine Ritter dort reiten lassen.

Die Aufmachung des Königs bei seinem Treffen mit dem Kommandanten war folgende: erstens ein mit grünem Atlas gefütterter Königsmantel aus Damast und ein kostbarer Turban auf dem Kopf, zwei Sessel von Bronze mit Kissen dazu und ein rundes, auf einer Stange befestigtes Sonnenzelt von karminrotem Atlas. Und er hatte einen alten Mann als Waffenträger mitgebracht, der ihm einen Säbel mit silberner Scheide trug, außerdem viele Trompeten und zwei Hörner aus Elfenbein, die mannshoch waren. Diese waren sehr fein gearbeitet, wurden auf einem Loch gespielt, das sie in der Mitte haben, und sind mit dem Spiel der Trompeten aufs feinste abgestimmt.

Am Donnerstag fuhren der Kommandant und Nicolao Coelho in Booten mit Bombarden auf dem Hinterdeck zur Küste und die Stadt entlang. Am Ufer liefen viele Menschen hin und her. Zwei von ihnen waren zu Pferde und führten einen Scheinkampf aus, der ihnen offensichtlich viel Vergnügen bereitete. Dort nahmen sie den König bei einer steinernen Treppe seines Palastes in eine Sänfte und trugen ihn zu dem Boot, in dem der Kommandant war. Der König bat den Kommandanten von neuem, an Land zu kommen, da er einen lahmen Vater habe, der sich freuen würde, ihn zu sehen; er und seine Söhne würden so lange an Bord unseres Schiffes bleiben. Doch der Kommandant schlug diese Bitte ab.

Hier fanden wir auch vier Schiffe von indischen Christen. Als diese das erste Mal zum Schiff des Paulo da Gama kamen, auf dem sich auch der Kommandant befand, zeigte man ihnen dort ein Altarbild, auf dem die Apostel und die Mutter Gottes mit Jesus Christus in den Armen am Fuß des Kreuzes abgebildet war. Die Inder warfen sich zu Boden, als sie dieses Altarblatt sahen, und kamen, solange wir dort vor Anker lagen, immer wieder, um davor zu beten. Und sie brachten Gewürznelken und Pfeffer und etliche andere Dinge als Opfergaben.

Diese Inder sind Menschen von brauner Hautfarbe. Sie gehen leicht gekleidet, haben wallende Bärte und tragen das Haar auf dem Kopf sehr lang und geflochten. Wie sie uns sagten, essen sie kein Ochsenfleisch, und ihre Sprache ist von der der Mauren verschieden. Infolge der verschiedenen Beziehungen, die sie mit den Leuten dieser Nation

Die indische Westküste
(nach einer Karte des 18. Jahrhunderts)

pflegen, sprechen dennoch einige von ihnen arabisch.

An dem Tag, an dem der Kommandant in den Booten bis nahe an den Strand heranfuhr, schossen sie von den Schiffen der indischen Christen viele Bombarden ab und erhoben die Hände, als sie sie vorüberfahren sahen, und riefen in lautem Jubel: »Christe, Christe!« Und noch am selben Tag baten sie den König um Erlaubnis, abends ein Fest für uns ausrichten zu dürfen. Und als der Abend kam, veranstalteten sie ein großes Fest und ließen viele Bombarden abfeuern und schossen Raketen in die Luft und stimmten ein großes Geschrei an.

Diese Inder warnten den Kommandanten davor, an Land zu gehen, denn er dürfe den Schmeicheleien der Mauren nicht glauben, da sie weder aus dem Herzen kämen noch Ausdruck guten Willens wären.

Am folgenden Sonntag, es war der 22. April, kam ein Vertrauter des Königs auf der königlichen Barke zu uns herausgefahren, und da bereits zwei Tage vergangen waren, ohne daß irgend jemand zu uns an Bord gekommen wäre, nahm der Kommandant den königlichen Abgesandten fest und ließ dem König ausrichten, daß er ihm die Lotsen schicken solle, die er ihm versprochen habe. Sobald der König diese Botschaft erhalten hatte, schickte er uns einen christlichen Lotsen, und der Kommandant gab dem Edelmann, den er auf dem Schiff zurückgehalten hatte, die Freiheit wieder. Wir aber waren sehr froh über diesen Christen als Lotsen, den uns der König gesandt hatte.

Wir brachten auch in Erfahrung, daß die Insel, von der sie uns in Moçambique gesagt hatten, daß sie von Christen bewohnt sei, eine Insel ist, über die derselbe König herrscht wie über Moçambique. Sie ist zur Hälfte maurisch und zur Hälfte christlich. Auf ihr gibt es Perlen im Überfluß, und sie heißt Quiloa. Dahin hatten uns die maurischen Lotsen bringen wollen, und wir hatten es auch gewollt, weil wir glaubten, daß alles so wäre, wie sie uns sagten.

Die Stadt Melinde liegt in einer Bucht und erstreckt sich längs eines Strandes. Sie ähnelt ein wenig Alcochete, und die Häuser sind hoch, sehr schön mit Kalk getüncht und haben viele Fenster. Hinter der Stadt, dem Binnenland zu, liegt ein sehr großer Wald mit hohen Palmen, der bis an die Häuser heranreicht. Das übrige Land ringsum besteht aus Feldern, die mit Hirse und anderen Gemüsen bebaut sind.

Wir lagen neun Tage vor Melinde, und in diesen neun Tagen gab es auf dem Festland eine fast ununterbrochene Folge von Festen, Ritterspielen und Schaukämpfen zu Fuß, die allesamt von lärmender Musik begleitet wurden.

An einem Dienstag, es war der 24. April, lichteten wir die Anker und nahmen mit dem Lotsen an Bord, den uns der König mitgegeben hatte, Kurs auf eine Stadt, die Calicut heißt. Von dieser Stadt hatte unser König Kenntnis*, und wir fuhren nach Osten, um sie zu erreichen.

Dort verläuft die Küste von Norden nach Süden, da das Land dort eine riesige Einbuchtung macht und eine Meerenge bildet. In diesem Golf gibt es, wie uns gesagt wurde, viele christliche und mauri-

* durch Pero de Covilhan

sche Städte und eine Stadt, die Cambaya heißt, ferner sechshundert bekannte Inseln. Dort ist auch das Rote Meer und der Tempel von Mekka.

Am darauffolgenden Sonntag kam der Polarstern wieder in Sicht, den wir seit langem nicht mehr gesehen hatten, und an einem Freitag, es war der 18. Mai, erblickten wir ein gebirgiges Land. Dreiundzwanzig Tage hatten wir kein Land mehr gesehen, obwohl wir in dieser Zeit ständig günstigen Wind gehabt hatten, so daß wir mindestens sechshundert Léguas bei unserer Überfahrt zurückgelegt hatten. Jetzt mochten es noch acht Léguas bis zum Festland sein. Man warf das Senkblei und maß fünfundfünfzig Faden Tiefe. Während der Nacht drehten wir nach Südosten, um uns von der Küste zu entfernen. Bei Tage fuhren wir jedoch wieder auf das Land zu, kamen ihm aber nicht so nahe, daß der Lotse die Gegend sicher erkennen konnte. Dies lag an den Regengüssen und Gewittern, die unablässig auf die Küste und auf uns niedergingen. Am Sonntag fuhren wir nahe an den Gebirgen vorbei, die oberhalb der Stadt Calicut liegen, und wir fuhren so nah an die letztere heran, daß der Lotse, den wir an Bord hatten, sie wiedererkannte und sagte, dies sei das Land, zu dem wir hinwollten. Am selben Tag ankerten wir nachmittags zwei Léguas nördlich der Stadt Calicut, da der Lotse die Stadt, die dort liegt und Capocate heißt, für Calicut hielt. Im Norden dieser Stadt liegt noch eine andere, die Pandarane genannt wird. Ungefähr anderthalb Léguas vom Land entfernt warfen wir Anker. Als wir so einige Zeit vor Anker lagen, kamen von der Küste vier Barken auf uns zu, um zu erfahren, wer wir wären, und die Insassen nannten uns Calicut und zeigten uns, wo es lag. Am folgenden Tag wiederholte sich das Spiel, dieselben Barken kamen wieder vom Ufer zu unseren Schiffen, und der Kommandant schickte einen der Verbannten mit ihnen nach Calicut. Die Eingeborenen brachten ihn an Land und führten ihn zu einem Ort, wo zwei Araber aus Tunis wohnten, die kastilisch und genuesisch sprechen konnten, und der erste Gruß, den sie ihm zuriefen, lautete: »Hol dich der Teufel! Wer hat dich hierhergebracht?« Und sie fragten, was wir so weit in der Ferne suchten. Er antwortete ihnen: »Wir kommen, um Christen und Gewürze zu suchen.« Sie sagten zu ihm: »Warum schickt der König von Kastilien niemanden her oder der König von Frankreich oder der Herrscher von Venedig?« Und er gab ihnen zur Antwort, daß dies der König von Portugal nicht gestatten wolle, und sie sagten, daß dieser gut daran täte. Dann bewirteten sie ihn und gaben ihm Weizenbrot mit Honig zu essen. Nachdem er gegessen hatte, kam er in Begleitung eines der beiden Araber zurück zu den Schiffen, und als der Maure an Bord kam, waren seine ersten Worte: »Willkommen, willkommen, willkommen! Viel Rubine, viel Smaragde! Danket Gott auf den Knien, daß er euch in ein Land gebracht hat, wo des Reichtums so viel ist!« Wir waren über alle Maßen überrascht, als wir ihn sprechen hörten, und konnten kaum glauben, daß es so weit von Portugal einen Menschen geben könnte, der unsere Sprache verstand.

Die Stadt Calicut ist christlich. Diese Christen sind Menschen von brauner Hautfarbe, und ein Teil von ihnen trägt große Bärte und lange Haare. Andere tragen das Haar kurzgeschnitten, und wieder andere haben den Kopf glattgeschoren und tragen, zum Zeichen, daß sie Christen sind, nur auf dem Wirbel ein Haarbüschel und dazu Schnurrbärte. Sie haben die Ohren durchbohrt und viel Gold darin. Der Oberkörper ist meist nackt, unterhalb des Gürtels tragen sie sehr feine Baumwolltücher, und diejenigen, die so gekleidet gehen, sind die angesehensten. Die anderen kleiden sich, wie sie eben können. Die Frauen in diesem Land sind im allgemeinen häßlich und klein von Gestalt. Sie tragen am Halse viel Goldschmuck, an den Armen viele Armbänder und an den Zehen Ringe mit kostbaren Steinen. All diese Leute sind, dem Anschein nach zu urteilen, von gutmütigem Charakter und weicher Gemütsart; dem ersten Eindruck nach sind sie unverbildet und sehr sinnenfroh.

Zu der Zeit, als wir in der Stadt Calicut ankamen, hielt sich der König des Landes fünf Léguas davon entfernt auf. Der Kommandant schickte zwei Leute zu ihm, durch die er ihm sagen ließ, daß ein Gesandter des Königs von Portugal da sei, der ihm Briefe von diesem zu überbringen habe, und daß dieser, wenn er dies zu befehlen geruhe, sie ihm dahin bringen würde, wo er gerade sei. Und als der König diese Meldung des Kommandanten erhielt, belohnte er die Leute, die sie ihm überbracht hatten, mit feinen Tuchstoffen. Er ließ Vasco da Gama sagen, er sei willkommen, er selbst werde umgehend nach Calicut kommen, wie er denn auch wirklich sogleich, mit vielem Volk hinter sich her, nach Calicut aufbrach. Er schickte uns mit den besagten zwei Leuten einen Lotsen, der uns zu einem Ort bringen sollte, der Pandarane heißt und nördlich der Stelle liegt, wo wir das erste Mal Anker geworfen hatten. Dort gäbe es einen guten Hafen, und die Schiffe, die zu diesem Land kämen, ankerten gewöhnlich dort, da sie dort sicher waren. Der Hafen von Calicut aber, vor dem wir jetzt lagen, sei nicht gut und mit felsigem Grund. Dem war in der Tat so. Auf diese Botschaft hin, und weil wir auch nicht gut vor Calicut lagen, befahl der Kommandant, daß wir unverzüglich unter Segel gehen sollten, und wir machten uns auf, in Pandarane zu ankern. Wir fuhren allerdings nicht so weit hinein, wie der Lotse, den uns der König geschickt hatte, es gewollt hätte. Als wir in dem besagten Hafen vor Anker gingen, kam Nachricht vom König, er sei schon in Calicut. Er schickte uns einen Mann, den man Wali nennt – ein Edelmann im Range eines Burghauptmanns, denn er führte beständig zweihundert Mann Gefolge mit sich, die mit Schwertern und kleinen Schilden bewaffnet waren –, damit dieser den Kommandanten zu dem Ort führe, wo sich der König und noch andere vornehme Würdenträger aufhielten. An dem Tag, an dem diese Nachricht kam, war es jedoch schon spät, und der Kommandant wollte nicht mehr aufbrechen. Am anderen Morgen – es war Montag, der 28. Mai – ging Vasco da Gama, um mit dem König zu sprechen, und er nahm dreizehn seiner Leute mit, unter ihnen auch ich.

Wir legten alle Festtagskleider an und nahmen Bombarden auf den Booten mit und Trompeten und viele Flaggen. Als der Kommandant an Land ging, war besagter Burghauptmann inmitten einer vielköpfigen Schar von bewaffneten und unbewaffneten Leuten zur Stelle, die Vasco da Gama und uns mit vielen Zeichen der Freude und Gastlichkeit empfingen, wie Leute, die sich freuten, uns zu sehen. Die Bewaffneten sind übrigens im Augenblick schlagfertig, da sie ihre Hieb- und Stichwaffen gezogen haben und blank in der Hand zu tragen pflegen. Sie brachten eine Sänfte für den Kommandanten, worin sich hierzulande die Vornehmen herumtragen lassen; Kaufleute müssen, wenn sie eine solche haben wollen, eine bestimmte Abgabe dafür an den König entrichten. Der Kommandant machte es sich darin bequem und wurde von sechs Männern hochgehoben, die sich gegenseitig beim Tragen abwechselten. So machten wir uns mit dem Gefolge des Burghauptmanns nach Calicut auf. Von Pandarane kamen wir zu einer Stadt, die Capocate heißt. Dort brachte man den Kommandanten zur Rast in das Haus eines angesehenen Mannes, und sie ließen dort für uns eine Mahlzeit herrichten, die aus Reis mit viel Butter und sehr gutem gekochtem Fisch bestand. Der Kommandant wollte aber nichts zu sich nehmen. Nachdem wir anderen gegessen hatten, schiffte sich Vasco da Gama auf einem in der Nähe liegenden Flusse ein, der zwischen dem Meer und dem eigentlichen Festland die Küste entlangfließt. Es waren zwei Barken, in denen wir uns einschifften, diese waren miteinander verbunden, damit wir zusammen fahren könnten. Außerdem begleiteten uns viele andere Barken, auf denen anderes Volk fuhr. Von den vielen Leuten, die am Ufer neben uns her liefen, will ich gar nicht reden: Sie waren zahllos, und alle waren nur gekommen, um uns zu sehen. Auf diesem Fluß fuhren wir ungefähr eine Légua weit, und wir sahen dort viele unförmige große Schiffe, die, weil kein Hafen existierte, einfach an Land gezogen waren. Als wir wieder an Land gingen, kehrte der Kommandant in seine Sänfte zurück, und wir gingen wie zuvor unseres Weges. Die Menschen, die gekommen waren, um uns zu sehen, waren so massenhaft, daß ich sie nicht zählen konnte. Und so wie die Frauen mit den Kindern auf dem Arm aus den Häusern herauskamen, liefen sie hinter uns drein.

Sie führten uns zu einer großen Kirche, in der es folgendes zu sehen gab:

Zunächst der Gesamtbau der Kirche: Sie war von der Größe eines Klosters, ganz aus behauenen Steinen erbaut und mit Ziegeln gedeckt. An ihrem Hauptportal stand eine Bronzesäule von der Höhe eines Mastes, und oben auf dieser Säule war ein Vogel, der ein Hahn zu sein schien, und noch eine andere Säule, die von Manneshöhe und sehr dick war. In der Mitte des Kircheninnenraumes befand sich eine Kapelle ganz aus behauenem Stein mit einer bronzenen Tür, die gerade so hoch war, daß ein Mensch hindurchschreiten konnte. Zu dieser Tür gelangte man über eine steinerne Treppe. In der Kapelle befand sich ein kleines Bild, von dem sie sagten, es stelle die Mutter Gottes dar, und vor dem Haupteingang der Kirche, längs der Wand, waren sieben kleine Grabmäler. Hier verrichtete der Kommandant ein Gebet und wir anderen mit ihm. In die besagte Kapelle traten wir jedoch nicht ein, da auch die Eingeborenen dies nicht tun, mit Ausnahme von einigen bestimmten Leuten, die Kirchendienst tun. Diese werden Quafees genannt. Die Quafees tragen Kordeln* über die Schulter – es

* die Brahmanenschnüre

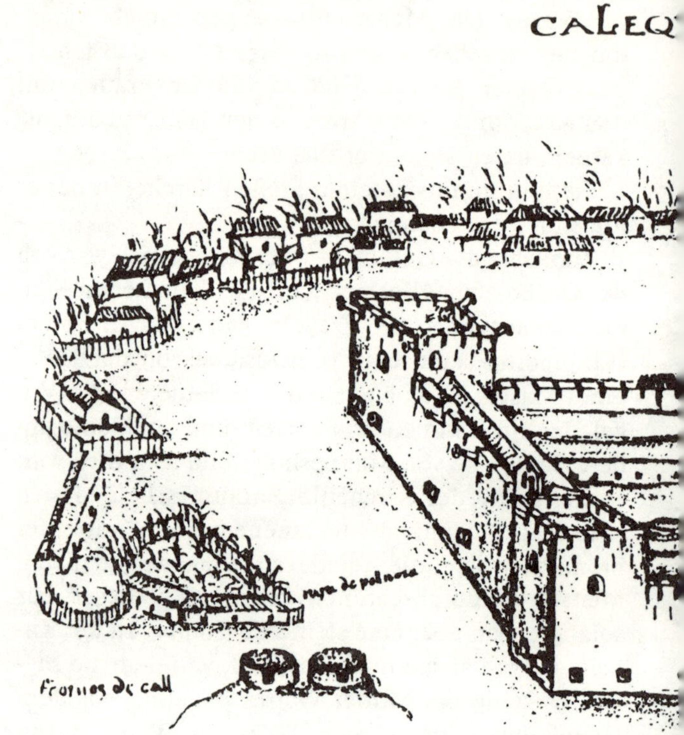


Calicut

ist die linke Schulter – und unter der Schulter des rechten Armes hindurch, so wie die Diakonen bei uns die Stola tragen. Sie spritzten Weihwasser auf uns und gaben einem von uns eine weiße Erde, die die Christen hierzulande gewöhnlich auf Stirn und Brust und um den Hals herum und auf die Ellenbogen streichen. Diese Zeremonie vollzogen sie umständlich vor dem Kommandanten und gaben auch ihm von dieser Erde, damit auch er sich damit bestreiche; der Kommandant nahm sie zwar entgegen, gab sie aber einem von uns in Verwahr, wobei er zu verstehen gab, daß er sich später damit bestreichen würde.

Rings an den Wänden der Kirche waren viele Heilige gemalt; diese trugen Heiligenscheine, doch war ihre Darstellung fremdartig, denn die Zähne waren so groß, daß sie einen Zoll aus dem Munde hervorstanden, und jeder Heilige hatte vier oder fünf Arme.

Hinter dem Kirchengebäude war ein großer Teich, der ebenfalls aus behauenen Steinen gebaut war, wie die vielen anderen, die wir bisher auf dem Weg gesehen hatten.

Schließlich zogen wir weiter, und beim Eintritt in die Stadt nahmen sie uns mit zu einer anderen Kirche, die dieselben oben aufgezählten Dinge enthielt. Hier aber wuchs die Menge der Menschen, die gekommen waren, um uns zu sehen, derart an, daß sie nicht alle Platz auf dem Weg fanden. Und nachdem wir ein großes Stück die Straße hinabgegangen waren, setzten sie den Kommandanten in einem Haus nieder, und auch wir anderen folgten ihm, denn es gab wegen der Masse Volkes kein

Durchkommen mehr. Der König, der in diesem Lande herrschte, schickte einen Bruder des Wali dorthin, und dieser kam, um den Kommandanten zu begleiten, und brachte viele Trommler, Trompeter und Schalmeienbläser mit und einen Flintenschützen, der unablässig schießend vor uns herging. Sie trugen den Kommandanten mit einer Ehrfurcht durch die Menschenmenge, die noch größer war, als sie in Spanien einem König hätte erwiesen werden können. Die Masse des Volkes war wahrscheinlich unzählbar, die Dächer der Häuser waren voller Menschen, gar nicht zu reden von der Menge, die mit uns lief und in der sich mindestens zweitausend Bewaffnete befanden. Und je näher wir dem Palaste kamen, in dem der König war, desto mehr Volk strömte herbei. Als wir den Palast schließlich erreichten, es mochte mittags 1 Uhr sein, kamen dem Kommandanten viele vornehme Würdenträger und große Herren entgegen. Wir traten durch ein Tor in einen sehr großen Hof, durchquerten unter Gewaltanwendung noch vier weitere Tore, indem wir den Leuten, die uns im Weg waren, beständig Rippenstöße gaben, und als wir zum letzten Tor kamen, das uns noch von dem König trennte, kam von drinnen ein kleiner alter Mann heraus, der eine Art Bischof ist und nach dessen Recht sich der König in Kirchensachen richtet. Dieser umarmte Vasco da Gama am Eingang besagten Tores, und hier, am Eingang, gab es auch Verwundete, und wir kamen nur unter Aufbietung aller Kräfte vorwärts.

Der König befand sich in einem kleinen Hof, wo er auf einem Ruhebett lagerte, das prächtig anzusehen war: Auf einer Decke von grünem Samt lag ein wunderschönes Polster, das von einem sehr weißen und feinen Baumwollstoff bedeckt war. Dieses Tuch war feiner als irgendeins von Leinen und bildete den Überzug von mehreren anderen Kissen der nämlichen Art, die über das Ruhebett verstreut lagen. Der König hatte zur linken Hand ein großes Gefäß aus Gold, das wohl eine halbe Almude fassen konnte und an der Öffnung zwei Spannen breit war. Dieser Krug war, wie es schien, aus massivem Gold, und dahinein spie der König die Reste von Kräutern, die die Menschen hierzulande in der Hitze kauen und die sie Atambor* nennen. Auf der rechten Seite stand ein goldenes Gefäß, in dem die Kräuter waren. Das war so groß, daß es ein Mann mit beiden Armen wohl kaum hätte umfassen können. Außerdem standen dort viele Kannen aus Silber. Der Betthimmel war ganz vergoldet. Als der Kommandant den Raum betrat, erwies er dem König seine Referenz nach Landesbrauch, das heißt, er legte die Hände ineinander und hob sie dann zum Himmel auf, gerade so, wie die Christen sie zu Gott erheben, und während er die Hände hob, nahm er sie auseinander und schloß die Fäuste mit einer raschen Bewegung. Der König machte Vasco da Gama mit der rechten Hand ein Zeichen, er möge an das untere Ende zu der Balustrade kommen, auf der er lagerte. Der Kommandant jedoch trat ihm nicht näher, weil die Sitte des Landes gebietet, daß kein Mensch dem König zu nahe komme. Nur einer seiner Vertrauten befand sich in seiner Nähe, der ihm die Kräuter reichte. Wenn jemand zum König spricht, hält er die Hand vor den Mund und beachtet eine räumliche Distanz.

* Betel

Nachdem der König dem Kommandanten dies Zeichen gegeben hatte, wandte er den Blick zu uns anderen und ordnete an, wir sollten uns auf eine Bank in seiner Nähe setzen, damit er uns sehen könne, und befahl, uns Waschwasser für die Hände zu geben und uns verschiedene Früchte zu bringen. Die eine Sorte sah aus wie Melonen, nur daß ihre Schale rauh ist. Die andere ähnelte den Feigen und schmeckte sehr gut. Die Früchte wurden uns von einigen Leuten zurechtgemacht, und der König sah unterdessen zu, wie wir aßen, und lachte zu uns herüber, während er mit seinem Vertrauten sprach, der an seiner Seite stand und ihm die Kräuter zum Kauen gab. Danach wandte er sich an den Kommandanten, der ihm gegenüber saß, und sagte ihm, er möge mit den Würdenträgern, die ihn umgaben, sprechen und ihnen sagen, was er wolle; diese würden es ihm dann mitteilen. Vasco da Gama antwortete, er sei Botschafter des Königs von Portugal und wolle ihm eine Botschaft überbringen, doch würde er sie nur ihm selbst ausrichten, niemandem sonst. Der König erwiderte, das sei ihm ganz recht so, und ließ ihn in ein anderes Gemach führen. Als Vasco da Gama sich entfernt hatte, erhob sich auch der König von dem Platz, an dem er war, und folgte dem Kommandanten. Wir aber blieben in dem Raum, in dem wir waren. Das mochte so um Sonnenuntergang gewesen sein. Sobald der König sich erhob, kam ein alter Mann, der sich ebenfalls in dem kleinen Hof aufgehalten hatte, und hob das Ruhebett auf. Das Silbergerät ließ er stehen.

Als der König in den Raum kam, in dem sich unser Kommandant schon befand, warf er sich auf ein anderes Ruhebett, auf dem viele golddurchwirkte

Stoffe lagen, und fragte den Kommandanten, was er wolle. Vasco da Gama sagte ihm, er sei Gesandter eines Königs aus Portugal. Dieser sei Herr über große Länder und in jeder Hinsicht sehr reich, reicher als irgendein König in diesen Gegenden; außerdem hätten die Könige Portugals, die Vorgänger des jetzigen Herrschers, seit sechzig Jahren jedes Jahr Schiffe auf Entdeckungen nach diesen Gegenden ausgesandt, weil sie gewußt hätten, daß es dort christliche Könige gäbe, so wie seine Majestät. Deswegen hätten sie auch befohlen, dieses Land zu entdecken, nicht weil sie Gold oder Silber brauchten, dieses gäbe es bei ihnen in so reichem Überfluß, daß sie es nicht aus fremden Ländern holen müßten. Die Kapitäne der oben erwähnten Schiffe wären gefahren und gefahren; seien oft ein oder zwei Jahre unterwegs gewesen, bis ihnen der Mundvorrat zur Neige gegangen sei, und wären, ohne etwas zu finden, nach Portugal zurückgekehrt. Der jetzige König, der Dom Manuel heiße, habe ihm drei Schiffe bauen lassen und ihn als Kommandanten derselben losgeschickt. Er habe ihm gesagt, er dürfe nicht nach Portugal zurückkehren, bis er nicht diesen legendären König der Christen entdeckt habe. Wenn er so zurückkäme, würde er ihm den Kopf abschlagen lassen. Wenn er ihn jedoch fände, sollte er ihm zwei Briefe übergeben, und diese Briefe werde er dem König am anderen Tage überreichen, er lasse ihm jedoch jetzt schon mündlich sagen, daß er sein Bruder und Freund sei. Der König antwortete darauf und sagte, Vasco da Gama sei ihm willkommen und auch er wolle ihn für einen Bruder und Freund ansehen. Auch wolle er ihm Gesandte nach Portugal mitschicken. Darauf

Vasco da Gamas Audienz beim Samorin
(nach einem Kupfer des 18. Jahrhunderts)

erwiderte ihm der Kommandant, er wolle ihn um diese Gnade bitten, weil er nicht wagen würde, vor den König, seinen Herrn, zu treten, wenn er nicht einige Leute aus dem fremden Lande mitbrächte.

Diese und noch viele andere Dinge besprachen die beiden in dem besagten Raum, und weil es schon tief in der Nacht war, fragte der König Vasco da Gama, bei wem er Quartier nehmen wolle, bei einem Christen oder bei einem Mauren. Vasco da Gama antwortete ihm, er wolle weder bei Christen noch bei Mauren nächtigen, er wolle ihn hingegen um die Gnade bitten, ihm ein Quartier für sich geben zu lassen, in dem im Augenblick niemand wohne. Der König sagte, daß er so befehlen werde, und damit verabschiedete sich der Kommandant vom König und kam wieder zu uns zurück. Wir waren in der Zwischenzeit auf einer Veranda, auf der ein großer Bronzeleuchter stand, der uns Licht gab, untergebracht worden, und es mochte mittlerweile 4 Uhr morgens geworden sein. Zusammen mit dem Kommandanten machten wir uns alle auf den Weg zum Quartier, und eine unzählige Menge Volks lief mit uns. Es goß dermaßen in Strömen, daß die Straßen überschwemmt waren. Der Kommandant wurde von sechs Leuten getragen, und wir gingen so endlos lang durch die Stadt, daß es der Kommandant allmählich müde wurde und sich beim Haushofmeister des Königs darüber beschwerte, einem wohlangesehenen Mauren, der mit uns ging, um uns zu unserem Quartier zu bringen. Der Maure nahm dann Vasco da Gama zunächst mit in sein Haus und führte ihn in einen mit Ziegeln gedeckten Innenhof, der mit vielen Teppichen ausgekleidet war. Auch standen dort zwei Leuchter, so groß wie die des Königs, und darauf befanden sich große eiserne Lampen mit Öl oder Butter mit je vier Dochten, die viel Licht gaben.

Diese Lampen tragen sie gewöhnlich auch als Fakkeln. Der Maure ließ dann ein Pferd herbeibringen, damit der Kommandant zu seinem Quartier reiten könne. Doch es wurde ohne Sattel herbeigeführt, und der Kommandant wollte nicht reiten. So machten wir uns wieder zu Fuß auf den Weg zum Quartier. Dort waren, als wir ankamen, schon einige von unseren Leuten mit dem Bett des Kommandanten und vielen anderen Dingen angelangt, die der Kommandant hatte mitbringen lassen, um sie dem König als Geschenk zu überreichen.

Am folgenden Dienstag hatte der Kommandant folgende Dinge bereit, um sie dem König zu schicken: zwölf Stück gestreiften Baumwollstoffes und vier Kapuzen von scharlachfarbenem Tuch, sechs Hüte und vier Korallenzweige, ferner ein Behältnis mit sechs Metallbecken, eine Kiste Zucker, zwei Fäßchen voll Olivenöl und zwei voll Honig. Da es hierzulande Sitte ist, dem König nichts zu bringen, ohne es zuerst die besagten Mauren, seine Haushofmeister, wissen zu lassen und dann den Wali, und da der Kommandant es diese wissen ließ, so kamen sie und fingen über diese Zusammenstellung von Geschenken zu lachen an. Sie sagten, dies wäre nichts, was man dem König schicken könne. Der ärmste Kaufmann, der von Mekka käme, ein jeder Inder gäbe mehr als das da. Wenn Vasco da Gama dem König ein Geschenk machen wolle, sollte er ihm irgendwelches Gold schicken, der König würde das, was wir zu schenken vorhatten, nicht annehmen.

Als der Kommandant dies vernahm, wurde er zornig und sagte, er führe überhaupt kein Gold mit sich, außerdem sei er kein Kaufmann, sondern ein Gesandter: Er würde dem König von den Gütern etwas geben, die er mit sich führe. Dies sei aus seinem eigenen mitgeführten Besitz, nicht von dem seines Königs. Wenn der König von Portugal ihn wieder herschicken würde, würde er ihm viele andere und wertvollere Geschenke mitgeben. Wenn der König Samorin seine Geschenke nicht wolle, werde er sie wieder an Bord zurückschicken lassen. Die beiden Mauren sagten, sie selbst könnten dem König die Sachen nicht bringen, noch könnten sie zulassen, daß man sie ihm überhaupt überreiche. Nachdem sie uns wieder verlassen hatten, kamen maurische Kaufleute von Calicut, und alle sprachen mit Verachtung von dem wertlosen Zeug, das der Kommandant dem König hatte schicken lassen wollen.

Angesichts ihrer Entscheidung, daß er diese Geschenke nun nicht mehr überreichen konnte, sagte der Kommandant: Da sie nicht wollten, daß er diese Güter dem König schickte, würde er gehen und mit diesem selbst sprechen wollen. Dann würde er zu seinen Schiffen zurückkehren. Die Mauren sagten, daß es so recht sei, doch möge er sich ein wenig gedulden, sie kämen alsbald wieder zu ihm zurück und würden dann mit ihm zusammen zum Palast gehen. Und Vasco da Gama wartete und wartete diesen ganzen Tag auf sie, doch sie kamen nicht mehr zurück. Und während der Kommandant so saß, voller Zorn darüber, daß er sich unter so phlegmatischen und unzuverlässigen Menschen sah, hatte er nicht übel Lust, ohne Begleitung zum Palast zu gehen, aber dann hielt er es doch für besser, bis zum anderen Tag zu warten. Und bei der ganzen Warterei hörten wir nicht auf, uns die Langeweile zu vertreiben, und sangen und tanzten zu den Trompeten und verschafften uns alles nur mögliche Vergnügen.

Als es Mittwoch wurde, kamen morgens die Mauren und holten den Kommandanten zum Palast ab und uns andere mit. Im Palast gingen viele Bewaffnete auf und ab, und der Kommandant stand mit denen, die ihn abgeholt hatten, mehr als vier Stunden vor einem Tor, das man ihnen nicht öffnete, bis der König ihnen sagen ließ, sie sollten hereinkommen, doch dürfe der Kommandant nicht mehr als zwei Leute mitnehmen; er selbst solle zusehen, wen er mitnehmen wolle. Der Kommandant beschloß, seinen Schreiber mitzunehmen, außerdem Fernão Martins, der die dortige Sprache verstand. Weder ihm noch uns schien diese Trennung etwas Gutes zu bedeuten. Als Vasco da Gama vor dem König stand, sagte dieser zu ihm, er habe seinen Besuch bereits am Dienstag erwartet, worauf der Kommandant entgegnete, er sei müde von dem langen Weg zu seinem Quartier zurückgekehrt und sei deswegen nicht gekommen, ihn zu besuchen. Der König erwiderte, er hätte ihm doch gesagt, er käme aus einem sehr reichen Lande, doch habe er ihm nichts mitgebracht, darüber hinaus habe er ihm gesagt, er würde ihm einen Brief überbringen, und fragte, warum er ihm diesen nicht übergäbe. Der Kommandant antwortete, er hätte nichts für ihn mitgebracht, da er nur gekommen sei, um zu sehen, wie die Dinge lägen, auch wolle er beobachten, was andere Schiffe, die hier einträfen, an Geschenken mitbrächten. Was den Brief anlange, dessen Übergabe er ihm angekündigt hätte, so sei seine Rede wahr gewesen, er werde ihm diesen unverzüglich übergeben.

Darauf fragte ihn der König, was er denn zu sehen und zu entdecken gehofft hätte, Steine oder Menschen? Und, wenn er gekommen sei, um Menschen zu entdecken, wie Vasco da Gama ja gesagt hätte, warum er ihm dann nicht irgend etwas mitgebracht hätte. Ferner hätte man ihm gesagt, wir führten eine Mutter Gottes aus schierem Golde mit uns. Der Kommandant entgegnete darauf, die Mutter Gottes, die er mitführe, sei nicht von Gold, und auch wenn sie aus Gold wäre, würde er sie ihm nicht geben können, da sie ihn sicher übers Meer geleite und auch in dieses Land gebracht hätte. Daraufhin meinte der König, er solle ihm den Brief geben, den er mitbringe. Der Kommandant sagte, er wolle ihn um die Gnade bitten, einen Christen rufen zu lassen, der arabisch spreche, da die Mauren ihm übel wollten und nur das Gegenteil von dem sagen würden, was er spreche. Der König sagte, es sei ihm recht, und ließ gleich einen jungen Menschen von kleiner Gestalt holen, den sie Quaram nannten, und der Kommandant sagte, er führe zwei Briefe bei sich: Einer sei in seiner Sprache geschrieben, der andere arabisch, und den, der in seiner Sprache geschrieben sei, den verstehe er sehr gut und von dem wisse er auch, daß er sehr gut sei. Den anderen, den verstehe er nicht. Darin könnte – ebenso leicht wie auch dieser gut sein könnte – irgend etwas Falsches stehen. Weil der Christ nicht arabisch lesen konnte, nahmen vier Mauren den Brief und lasen ihn unter sich, und dann kamen sie und lasen ihn dem König vor. Mit diesem Brief war der König sehr zufrieden und fragte den Kommandanten, was für Waren es in seinem Lande gebe. Der Kommandant erzählte, daß es viel Getreide dort gebe, viele Tuchstoffe, viel Eisen, viel Bronze, und er nannte noch vieles andere. Der König fragte ihn, ob er nicht irgendeine Handelsware mitgebracht hätte. Der Kommandant antwortete, er bringe ihm von jeder Ware ein Stück als Muster mit, doch möge er ihm Erlaubnis geben, zu den Schiffen zu gehen und sie ausladen zu lassen; vier oder fünf Mann seiner Mannschaft würden solange in dem Quartier an Land bleiben. Der König sagte nein: Er solle nur gehen, solle alle seine Leute mitnehmen und seine Schiffe gut verankern lassen. Die Ware solle er an Land bringen und sie dort verkaufen, so gut er nur könne.

Nachdem sich Vasco da Gama vom König verabschiedet hatte, kehrte er zusammen mit uns in unser Quartier zurück, und da es schon spät war, nahmen wir uns nicht mehr die Mühe, es zu verlassen.

Als der Donnerstagmorgen heraufdämmerte, wurde dem Kommandanten ein Pferd ohne Sattel gebracht, doch dieser wollte nicht darauf reiten und sagte, man möge ihm ein Pferd nach Landesart verschaffen – das sind die Sänften –, da er niemals auf einem Pferd ohne Sattel zu reiten gedächte. Daraufhin brachten sie ihn zum Haus eines sehr reichen Kaufmanns aus Gudscherat, und dieser ließ eine solche Sänfte für ihn herrichten. Sobald diese bereit

1. Brahmanenpaar
2. Kaufmann aus Gudscherat
3. Händler aus Goa

2
3

war, machte sich der Kommandant darin mit vielem Volk auf den Weg nach Pandarane, wo die Schiffe lagen. Wir anderen konnten nicht mit ihm Schritt halten und fielen bald weit zurück. Während wir so des Weges gingen, kam der Wali des Wegs, eilte an uns vorüber und ging hin zum Kommandanten. Wir anderen aber verfehlten den Weg und gerieten weit ins Land hinein. Darauf schickte der Wali einen Mann hinter uns her, der uns den richtigen Weg zeigte, und als wir in Pandarane ankamen, fanden wir den Kommandanten in einer Herberge, von denen es hier an den Wegen viele gibt, damit sich die Reisenden und Fußgänger vor den Regengüssen in Sicherheit bringen können. Der Wali befand sich beim Kommandanten, und beide waren von einer größeren Menge Volks umringt. Gerade als wir ankamen, sagte Vasco da Gama zum Wali, er möge ihm ein Boot geben lassen, damit wir zu den Schiffen hinüberfahren könnten. Doch dieser und die anderen erklärten, es sei schon spät – wie es denn wirklich schon nach Sonnenuntergang war –, wir sollten doch erst am nächsten Tag fahren. Der Kommandant erklärte aber, daß er, wenn sie ihm nicht sofort ein Boot geben würden, zum König zurückgehen würde, denn dieser habe ihm befohlen, unverzüglich zu den Schiffen zurückzukehren. Sie jedoch versuchten nur, ihn hinzuhalten, und das sei schlecht von ihnen gehandelt, seien sie doch Christen wie sie auch. Als sie sahen, daß der Kommandant zornig war, sagten sie ihm, er solle nur gehen, und sie würden ihm dreißig Boote geben, wenn er so viele brauchte. Dann führten sie uns zum Strand, und der Kommandant, dem das Ganze gefährlich schien, schickte drei Leute mit dem Befehl voraus, sie sollten, wenn sie die Boote von unseren Schiffen fänden und sein Bruder bei diesen sei, ihm sagen, er solle sich in Sicherheit bringen. Die drei gingen los, fanden jedoch nichts und kehrten wieder um.

Uns selbst führten die Mauren in eine andere Richtung, und wir konnten uns nicht wiederfinden. Schließlich führten sie uns zum Haus eines anderen Mauren, und weil es schon tief in der Nacht war, als wir dort ankamen, sagten sie, sie würden sich auf die Suche nach den drei Leuten machen, die nicht mehr zu uns zurückgekommen waren. Kaum hatten sie uns verlassen, befahl der Kommandant, viele Hühner und eine große Menge Reis zu kaufen, die wir alsbald verzehrten, obgleich wir von der Lauferei während des ganzen Tages schon sehr müde waren. Die Mauren kamen, nachdem sie einmal fort waren, erst am nächsten Morgen wieder. Der Kommandant sagte, seiner Meinung nach seien diese Leute im Grunde gutmütig, und wenn sie uns am vorangegangenen Abend nicht hätten gehen lassen wollen, so hätten sie dies zweifellos getan, weil sie glaubten, uns damit etwas Gutes zu tun. Trotzdem betrachteten wir ihr Tun und Treiben mit einem mehr als nur leisen Verdacht, schienen sie uns doch böse darüber, daß wir die Tage zuvor in Calicut verbracht hatten.

Als die Mauren schließlich am anderen Tag wieder zu uns kamen, sagte der Kommandant, sie sollten ihm Barken geben, damit wir zu unseren Schiffen fahren könnten. Da fingen sie alle an miteinander zu tuscheln und sagten, er möge seine Schiffe näher an Land bringen, dann könne er zu diesen hinausfahren. Der Kommandant entgegnete, wenn er befehlen würde, die Schiffe sollten näher an die Küste heranfahren, dann würde sein Bruder glauben, man hielte ihn gefangen und hätte ihn mit Gewalt gezwungen, diesen Befehl zu gehen, worauf er, der Bruder, die Segel hissen lassen und nach Portugal zurückfahren würde. Doch sie beharrten darauf: Wenn er die Schiffe nicht näher ans Land bringen ließe, käme er überhaupt nicht mehr auf diese zurück. Vasco da Gama erklärte erneut, König Samorin habe ihn zu seinen Schiffen zurückgeschickt, und wenn sie ihn nicht gehen lassen wollten, wie es der König befohlen habe, würde er zu diesem zurückgehen, sei er doch ein Christ wie dieser. Und wenn der König ihn nicht ziehen lasse, sondern es lieber hätte, wenn er in diesem Land bliebe, so würde er gerne diesem Befehl folgen.

Die Mauren meinten darauf, er solle nur gehen; sie ließen es aber dann doch nicht zu, sondern versperrten alle Türen des Hauses, in dem wir waren, und ließen uns mitsamt der vielköpfigen Schar Bewaffneter, die uns bewachte, im Innern. So konnte keiner von uns aus dem Haus, ohne daß ihn gleich viele Menschen begleiteten. Daraufhin fingen sie wieder an zu drängen, wir sollten ihnen die Segel und die Steuerruder herausgeben. Der Kommandant ließ antworten, er werde nichts von all dem herausgeben, habe ihn doch König Samorin ohne irgendeine Bedingung zu seinen Schiffen zurückgeschickt. Sie könnten mit ihm machen, was sie wollten, herausrücken würde er jedenfalls nichts.

Während der Kommandant und die anderen alle recht bedrückt herumsaßen, wenn wir auch nach außen hin so taten, als ob wir uns nichts aus dem machten, was sie ins Werk setzten, forderte der Kommandant, wenn sie ihn denn schon nicht mehr an Bord gehen lassen wollten, sollten sie wenigstens seine Leute ziehen lassen, die vor Hunger noch sterben würden. Die Antwort war abschlägig: Sie sollten nur bleiben, und wenn sie wirklich vor Hunger sterben sollten, so würde man sich schon einigen; im übrigen glaubten sie ihm kein Wort.

Während wir so saßen, kam einer von den Leuten, die wir am Abend zuvor verloren hatten, und teilte dem Kommandanten mit, daß Nicolao Coelho seit dem letzten Abend mit den Booten an der Küste sei und auf ihn warte. Als er das erfuhr, schickte der Kommandant wegen der vielen Wachen, die wir um uns hatten, mit größter List und so heimlich wie möglich einen Mann los, um Nicolao Coelho zu sagen, er solle sogleich von dort abfahren und zu den Schiffen zurückgehen. Diese sollten unverzüglich in den Verteidigungszustand gesetzt werden. Nicolao Coelho setzte diese Botschaft sofort in die Tat um und fuhr eiligst los. Sobald dies geschah, wurden diejenigen, die uns bewachten, davon benachrichtigt, und in größter Eile machten sie eine Menge Boote klar, fuhren ein Stück hinter ihm her und versuchten, ihn einzuholen. Als sie jedoch sahen, daß ihnen das nicht gelingen würde, kehrten sie dahin zurück, wo der Kommandant sich aufhielt, und forderten von ihm, er solle einen Brief an seinen Bruder schreiben, damit dieser die Schiffe näher an das Ufer heran und weiter in den Hafen hereinbrächte. Der Kommandant sagte, er wäre völlig einverstanden und würde gerne tun, was sie verlangten, doch würde sein Bruder dies niemals machen. Wenn er es jedoch dennoch tun würde und einwilligte, es zu tun, würden die, die mit ihm führen, sich ihm widersetzen, da sie kaum Lust hätten, ihr Leben aufs Spiel zu setzen. Auf diese Rede meinten die Mauren, er solle keine Ausflüchte suchen, denn sie wüßten genau, daß alles geschehe, was er befehle.

Vasco da Gama wollte die Schiffe nicht weiter in den Hafen hereinfahren lassen, weil er, wie wir anderen auch, der Ansicht war, daß diese dann leicht aufgebracht werden könnten, während man zuerst ihn und dann uns töten würde, die wir ja schon in ihrer Gewalt waren.

Den ganzen Tag schwebten wir so in Todesnot, wie ihr gesehen habt. Als es Nacht wurde, vergrößerte sich noch die Menge der Menschen um uns, und sie wollten nicht mehr dulden, daß wir uns in dem Raume bewegten, in dem wir bislang untergebracht waren. Sie führten uns in einen gepflasterten Hof hinaus und umgaben uns mit zahllosem Volk. Andere mischten sich unter uns, und wir befürchteten, daß sie uns am nächsten Tag voneinander trennen oder sonst irgend etwas mit uns anstellen würden, denn wir bemerkten, daß ihre Haltung immer feindseliger wurde. Trotzdem ließen wir die Gelegenheit nicht aus, uns von dem, was in der Stadt zu haben war, ein gutes Abendessen herzurichten. Im Verlauf der Nacht mochten uns wohl mehr als hundert Menschen bewachen, die alle mit Schwertern, Streitäxten, Schilden, Bogen und Pfeilen bewaffnet waren, und während die einen schliefen, wachten andere, und so wechselten sie sich die ganze Nacht ab.

Als der nächste Morgen heraufdämmerte – es war ein Samstag, der 2. Juni –, da kamen besagte vornehme Herren morgens zu uns, und sie kamen schon mit freundlicherem Gesicht und sagten, da der Kommandant dem König gesagt habe, er würde seine Ware an Land bringen, so solle er sie nur ausladen lassen. Denn hierzulande sei es Brauch, daß alle Schiffe, die dorthin kämen, sogleich ihre Ware an Land brächten und desgleichen die ganze Besatzung, und ehe die Ware nicht vollständig verkauft sei, kehrte auch der Kaufmann nicht an Bord seines Schiffes zurück. Der Kommandant sagte ja, er wolle auch seinem Bruder gleich schreiben, daß dieser die Ware schicken solle, und sie sagten, es sei recht so; sobald die Ware gekommen sei, würden sie ihn sogleich an Bord seines Schiffes gehen lassen. Der Kommandant schrieb sogleich an seinen Bruder, er möge ihm diese und jene bestimmten Dinge schikken, und dieser schickte sie ihm sogleich. Als die vornehmen Herren die Güter sahen, ließen sie Vasco da Gama ohne Aufenthalt zu den Schiffen hinausfahren. Zwei Leute blieben zur Bewachung der Waren an Land. Wir anderen waren alle überaus glücklich, daß unser Abenteuer so ausgegangen war, und dankten Gott inbrünstig, daß er uns den Händen dieser Menschen schließlich doch noch entrissen hatte, Menschen, bei denen keine Vernunft Platz findet, die sich verhielten, als ob sie Tiere wären. Und wir wußten wohl, daß sie auch dann, wenn der Kommandant an Bord seiner Schiffe wäre und dort bliebe, denen nichts zuleide tun würden, die zurückgeblieben waren. Vasco da Gama wollte, sobald er an Bord war, für den Augenblick keine weiteren Waren an Land schicken. Fünf

Tage später ließ der Kommandant dem König mitteilen, auf welche Weise er zu seinen Schiffen zurückgekehrt sei, daß einige von des Königs Leuten es nicht hätten erlauben wollen und daß sie ihn unterwegs einen Tag und eine Nacht aufgehalten hätten, außerdem, daß die portugiesische Ware bereits an Land gebracht sei, wie er es befohlen habe, und daß die Mauren daherkämen und diese im Preise drückten. Der König möge etwas in dieser Sache befehlen, da er ihm sonst nichts von seiner Ware entrichten könne; dennoch stehe er ihm mit seinen Schiffen stets zu Diensten. Die Antwort des Königs kam umgehend: Diejenigen, die das getan hätten, seien schlechte Christen, und er würde sie bestrafen. Dann ließ er sieben oder acht Kaufleute schikken, um die Ware anzusehen und damit sie nach Belieben davon kaufen könnten. Darüber hinaus schickte er einen angesehenen Würdenträger hin, zusammen mit dem Haushofmeister, der dort bleiben sollte, und ließ sagen, wenn irgendein Maure käme, so sollten sie ihn töten, ohne daß sie dafür irgendwie bestraft werden würden.

Die vom König geschickten Kaufleute blieben ungefähr acht Tage an Ort und Stelle, doch anstatt zu kaufen, drückten sie die Ware weiter im Preis. Die Mauren kamen nun nicht mehr zu dem Haus, in dem diese Waren lagen, und darüber waren sie so erbost, daß sie, sooft einer von uns an Land ging, vor uns ausspuckten und »Portugal, Portugal!« dazu sagten, weil sie glaubten, daß sie uns damit ärgern könnten. Dabei hatten sie doch von Anfang an versucht, uns gefangenzunehmen und zu töten! Als der Kommandant sah, daß die Ware hier nicht zu verkaufen war, ließ er dies den König wissen und zugleich auch, daß er sie nach Calicut schicken wolle; er warte nur den Befehl des Königs ab. Nachdem dem König diese Nachricht überbracht worden war, schickte er sogleich den Wali mit dem Befehl, so viele Leute mitzunehmen, daß die ganze Ware auf dem Rücken nach Calicut gebracht werden könnte. Die Entlohnung der Träger solle durch den königlichen Hof erfolgen, denn er meinte dazu, daß nichts, was dem König von Portugal gehöre, diesem in seinem Land Kosten verursachen sollte. All dies tat er dennoch in der Absicht, uns Schlimmes zuzufügen, denn er hatte überaus schlechte Informationen über uns erhalten: Wir seien Seeräuber und auf Raub aus! Trotzdem tat er all das in der Weise, wie ihr gesehen habt.

An einem Sonntag, es war Johanni, der 24. Juni, ging die Ware nach Calicut, und während dies geschah, befahl der Kommandant, die ganze Mannschaft solle nach Calicut gehen, und zwar in der folgenden Weise: Von jedem Schiff sollte ein Mann gehen, und wenn diese zurückkämen, sollten andere gehen. Auf diese Art könnten alle die Stadt besuchen und kaufen, was sie wollten. Die Leute wurden von der ganzen christlichen Bevölkerung sehr gut aufgenommen, und alle freuten sich, wenn einer in ihr Haus zum Essen oder Übernachten kam, und sie gaben uns bereitwilligst von allem, was sie hatten. Desgleichen kamen viele Leute an Bord unserer Schiffe, um Fische für Brot zu verkaufen, und sie wurden ebenso freundlich bei uns aufgenommen, und viele andere kamen mit ihren Kindern und kleinen Buben, und der Kommandant ließ ihnen zu essen geben. All das geschah, um Frieden und Freundschaft mit ihnen zu schließen, und damit sie gut von uns sprächen und nicht schlecht. Es waren ihrer aber schließlich so viele, daß sie uns allmählich lästig wurden, weil es oft schon tief in der Nacht war, bevor wir sie von Bord wegbringen konnten. Schuld daran war eigentlich die ungeheure Masse von Menschen, die es in diesem Lande gibt, und die Lebensmittelknappheit, die dort herrschte. Wenn es sich einmal traf, daß ein paar von unseren Leuten gingen, um die Segel auszubessern, und Zwieback als Wegzehrung mitnahmen, dann hängten sich so viele an sie – kleine Buben wie erwachsene Männer –, daß man ihnen den Zwieback aus der Hand riß und die Matrosen schließlich nichts davon zu essen bekamen. So kamen wir alle, die wir auf den Schiffen waren, zu zweit oder zu dritt an Land, und jeder von uns nahm von dem, was er zum Handeln übrig hatte, mit an Land, also Armbänder, Kleider, Zinngeschirr und Hemden, jeder, wie er es entbehren konnte. Und wir verkauften viel davon, wenn wir auch nicht so günstige Preise erzielen konnten, wie wir es bei unserer Ankunft aus Moçambique erhofft hatten.

Denn ein sehr feines Hemd, das in Portugal wohl dreihundert Réis wert ist, verkaufen sie hier für zwei Fanão, was so viel wert ist wie dreißig Réis; freilich ist der Wert von dreißig Réis sehr hoch, und man kann viel dafür erstehen. Und so, wie die Hemden billig zu kaufen waren, so waren auch die anderen Sachen nicht teuer, die wir aus diesem Lande als Muster mitnahmen. Die Mannschaften kauften, womit man in der Stadt handelte, also Gewürznelken und Zimt und Edelsteine, und nachdem so jeder gekauft hatte, was er wollte, konnte man ohne Schwierigkeiten zu den Schiffen zurückkehren, ohne daß irgend jemand einem etwas in den Weg legte.

Als der Kommandant sah, daß die Bevölkerung dort so überaus freundlich war, beschloß er, in diesem Land einen Faktor mit verschiedenen Handelsgütern zurückzulassen, ferner einen Schreiber und noch einige andere Leute. Und als die Zeit nahe kam, wieder die Rückfahrt nach Portugal anzutreten, schickte der Kommandant ein Geschenk aus Bernstein an den König, außerdem noch Korallen und viele andere Dinge und ließ ihm sagen, daß er nach Portugal zurückfahren wolle. Er ließ ihn auch fragen, ob er immer noch beabsichtige, einige Leute an den König von Portugal mitzuschicken. Er selbst werde einen Faktor mit Waren dalassen sowie einen Schreiber und noch einige andere Männer, und er schicke ihm dieses Geschenk und bitte ihn gleichzeitig, er möge ihm für den König, seinen Herrn, einen Bahar Zimt und einen von Gewürznelken als Probe mitgeben. Zusätzlich dazu erbitte er noch je einen Bahar von anderen Gewürzen, die der König gnädigerweise selbst auswählen wolle. Der zurückgelassene Faktor könne diese, wenn er wolle, mit dem Geld bezahlen, das er für seine Waren erhalte.

Mit dieser Botschaft des Kommandanten wurde ein Abgesandter in die königliche Residenz geschickt, doch vergingen vier Tage, bevor es diesem möglich war, den König zu sprechen. Als er schließlich vorgelassen wurde, sah der König den Überbringer der Botschaft mit einem bösen Blick an und fragte ihn, was er überhaupt wolle. Der Abgesandte richtete

Portugiesen an der Malabarküste

ihm den oben beschriebenen Auftrag Vasco da Gamas aus und fügte hinzu, daß er ihm die beschriebenen Geschenke überreichen wolle. Der König meinte ungnädig, er möge das, was er ihm bringe, seinem Haushofmeister geben, er selbst wolle es nicht einmal ansehen. Und er erklärte, man möge dem Kommandanten sagen, wenn er abfahren wolle, solle er ihm erst sechshundert Scherafinen geben, dann könne er die Rückreise antreten. Dies sei so Sitte des Landes und Sitte derjenigen, die dorthin kämen. Diogo Diaz, der die besagte Botschaft überbracht hatte, erwiderte darauf, er werde unverzüglich mit dieser Antwort zum Kommandanten zurückkehren. Sobald er aufbrach, machten sich auch noch einige andere Leute auf den Weg und eskortierten ihn. Als sie zu dem Lagerhaus kamen, wo unsere Waren in Calicut untergebracht waren, besetzten sie das Gebäude, um zu verhindern, daß unsere Leute, die die Ware bewacht hatten, das Haus verließen. Außerdem ließen sie sofort in der ganzen Stadt bekanntmachen, daß kein Boot zu unseren Schiffen hinausfahren dürfe. Als unsere Landsleute sahen, daß sie gefangen waren, schickten sie einen Negerjungen, der sich noch bei ihnen aufhielt, mit dem Auftrag los, er solle den Strand hinunterlaufen und sehen, ob er einen finden könnte, der ihn zu den Schiffen brächte. Dort angekommen, solle er sagen, sie würden auf Befehl des Königs festgehalten. Der Junge ging an das Ende der Stadt, wo die Fischer wohnten, und einer davon fuhr ihn tatsächlich für drei Fanão zu den Schiffen hinüber, aber nur, weil es gerade dunkel wurde und man sie von der Stadt aus nicht sehen konnte. Der Fischer hatte bei diesem Unternehmen so viel

Angst, daß er, sobald der Junge an Bord war, ohne sich länger aufzuhalten sofort wieder an Land zurückruderte. Dies alles geschah an einem Montag – es war der 13. August 1498.

Über diese Nachricht waren wir alle sehr bestürzt, zum einen, weil wir einige von unseren Leuten in der Gewalt der Feinde sahen, zum anderen wegen des großen Hindernisses, das damit unserer Abfahrt im Weg stand; und schließlich waren wir auch darüber sehr erzürnt, daß ein christlicher König so schmählich und heimtückisch an uns handelte, waren wir ihm doch mit der größten Freizügigkeit und Freundlichkeit entgegengetreten. Andererseits gaben wir dem König nicht die ganze Schuld für dieses Verhalten, denn wir wußten, daß wir den dort ansässigen Mauren, die wir kennengelernt hatten, und den Kaufleuten aus Mekka und aus vielen anderen Gegenden sehr unbequem waren. Diese hatten dem König gesagt, wir wären Seeräuber, und wenn wir anfingen, regelmäßig in dieses Land zu fahren, würde kein Schiff mehr von Mekka, Cambaya oder Indien oder von anderswo in sein Land kommen können, so daß er keine Geschäfte mehr mit ihnen machen und keine Gewinne mehr daraus ziehen könne. Wir hingegen würden ihm nicht nur nichts geben, sondern ihn eher noch berauben, und dadurch würde sein Land zugrunde gerichtet werden. Abgesehen von diesen Schauergeschichten gaben sie ihm auch noch viel Geld dafür, daß er uns gefangennähme und tötete, damit wir nicht nach Portugal zurückkehren könnten.

All dies hatten die Kapitäne durch einen eingeborenen Mauren erfahren, der ihnen erzählt hatte, was gegen uns geplant war, und die Kapitäne warnte, die Schiffe zu verlassen und an Land zu gehen. Besonders auf den Kommandanten hätten es die Schurken abgesehen. Außer dieser schlechten Nachricht des Mauren hatten uns zwei Christen wissen lassen, daß man den Kapitänen, wenn sie an Land gehen würden, die Köpfe abschlagen würde, denn der König mache es mit allen so, die in sein Land kämen, ohne ihm größere Mengen Goldes zu geben.

Dieser Art war unsere augenblickliche Lage. Den folgenden Tag rührte sich am Strand nichts, und es kam auch niemand zu uns herausgefahren. Tags darauf kam jedoch ein Boot mit vier Burschen, die Edelsteine zum Verkauf anboten. Diese schienen uns aber weniger gekommen zu sein, um Steine zu verkaufen, als vielmehr im Auftrag der Mauren, um zu sehen, was wir mit ihnen tun würden. Der Kommandant nahm sie gut auf und schickte durch sie einen Brief an diejenigen, die an Land geblieben waren. Als sie sahen, daß wir ihnen nichts zuleide taten, kamen jeden Tag eine Menge Kaufleute und andere, die keinen Handel im Sinn hatten, sondern aus schierer Neugierde aufkreuzten, und alle wurden von uns aufs beste aufgenommen, wir gaben ihnen sogar zu essen. Am folgenden Sonntag besuchten uns ungefähr fünfundzwanzig Menschen, unter denen sechs sehr angesehene Männer waren. Der Kommandant erkannte, daß man für diese wohl unsere Leute austauschen könnte, die am Lande festgehalten wurden und gefangen saßen. Er ließ Hand an sie legen und von den anderen, geringeren Leuten noch zwölf gefangennehmen, so daß im ganzen neunzehn Männer in unserer Gewalt waren. Die anderen schickte er in einem ihrer Boote an Land und gab ihnen einen Brief an den maurischen Haushofmeister des Königs mit, in dem er diesem mitteilte, er sollte die portugiesischen Gefangenen freilassen, dann würde er die schicken, die in seiner Hand wären. Als in der Stadt bekannt wurde, daß wir einige Leute von ihnen festgenommen hatten, lief sogleich eine größere Menge Volks zu den Unsrigen in dem genannten Warenlager und brachte diese zum Haus des Haushofmeisters, ohne ihnen irgend etwas anzutun.

Am Mittwoch, dem 23. besagten Monats, gingen wir unter Segel, indem wir ankündigten, wir führen nun wieder nach Portugal zurück und daß wir hofften, sehr bald wiederzukommen; dann könnten sie wohl sehen, ob wir nun Seeräuber wären oder nicht. Und wir gingen wegen des Windes, der uns von vorne entgegenblies, ungefähr vier Léguas vor Calicut vor Anker. Am folgenden Tag fuhren wir wieder auf das Festland zu, konnten jedoch die Untiefen, die vor Calicut liegen, nicht bezwingen, so daß wir wieder aufs offene Meer hinausfuhren und in Sichtweite der Stadt erneut Anker warfen. Am Samstag fuhren wir weiter auf die offene See hinaus und ankerten so weit draußen im Meer, daß wir beinahe das Land nicht mehr sahen. Am Sonntag dann kam, während wir vor Anker lagen und auf günstigen Wind warteten, eine Hochseebarke, die nach uns suchte. Man teilte uns mit, Diogo Diaz sei im Palast des Königs, und man gäbe uns das Wort, daß bei seiner Rückkehr auch unsere gefangengehaltenen Kameraden an Bord gebracht würden. Da der

Kommandant der Meinung war, man hätte diese längst getötet und das Ganze sei nur eine Verzögerungstaktik, um uns hinzuhalten, bis sie gegen uns gerüstet hätten oder bis Schiffe von Mekka gekommen wären, um uns gefangenzunehmen, sagte er den Überbringern dieser Nachrichten, sie sollten gehen und nicht mehr an Bord kommen, ohne ihm seine Leute oder Briefe von diesen zu bringen, sonst würde er mit den Bombarden auf sie schießen lassen; und wenn sie nicht sofort zurückkämen mit einer derartigen Botschaft, so sei er entschlossen, denen, die sich in unserer Gewalt befänden, die Köpfe abschlagen zu lassen. Nach diesem Zwischenfall kam Wind auf, und wir segelten die Küste entlang und warfen bei Sonnenuntergang Anker.

Wie der König den Diogo Diaz rufen ließ und ihm das Folgende sagte:

Als die Nachricht den König erreichte, wir wären nach Portugal abgefahren, und er somit keine Mittel mehr hatte, die Schändlichkeiten durchzuführen, die er geplant hatte, gedachte er, wiedergutzumachen, was er vorher verdorben hatte. Und er ließ den Diogo Diaz rufen, und als selbiger kam, nahm er ihn sehr freundlich auf, was er ja zuvor, als dieser ihm Geschenke gebracht hatte, nicht getan hatte. Er fragte ihn, warum der Kommandant seine Landsleute festgenommen habe. Diogo Diaz erklärte ihm, der Grund dafür sei der, daß er, der König selbst, ja nicht wollte, daß die auf dem Land zurückgebliebenen Portugiesen zu ihren Schiffen zurückkehrten, und sie in der Stadt gefangenhielte. Der König meinte darauf, daß er wohl gut daran getan habe, und fragte dann, ob der Haushofmeister etwas von

Diogo Diaz verlangt habe, womit er zu verstehen geben wollte, daß er selbst nichts von dem wisse, was inzwischen geschehen sei, und was der Haushofmeister wohl getan habe, um ein Bestechungsgeld zu erhalten. Dann sagte er, zu dem besagten Haushofmeister gewandt:

»Weiß er denn nicht, daß ich vor kurzem einen anderen Haushofmeister habe hinrichten lassen, weil er von Kaufleuten Geld nahm, die nach meinem Lande kamen?«

Weiter sagte der König: »Du und die anderen, die hier bei dir sind, geht zu euren Schiffen und sagt dem Kommandanten, er soll mir die Leute schicken, die er gefangenhält. Den Waffenpfeiler, den er, wie er mir sagen ließ, am Lande aufrichten wollte, werden die Leute, die dich zu den Schiffen bringen, mitnehmen und aufrichten. Sag dem Kommandanten außerdem, daß du mit der Ware hier im Lande bleiben sollst.«

Dann verfaßte er einen Brief an den Kommandanten, den er dem König von Portugal überreichen sollte. Dieser wurde von Diogo Diaz auf ein Palmblatt geschrieben, denn alles, was man hierzulande schreibt, wird auf solchen Blättern festgehalten, und die Federn, mit denen sie schreiben, sind von Eisen. In diesem Brief stand folgendes:

»Vasco da Gama, Edelmann Eures Hauses, ist nach meinem Lande gekommen, worüber ich mich gefreut habe. In meinem Land gibt es viel Zimt und viele Gewürznelken sowie Ingwer und Pfeffer und viele Edelsteine; und was ich von den Deinigen will, ist Gold, Silber sowie Korallen und Scharlach.« –

Am Montagmorgen, es war der 27. Tag im August, kamen, während wir noch vor Anker lagen, sieben Barken mit vielen Menschen darin, und sie brachten den Diogo Diaz und einen anderen Portugiesen. Da sie nicht wagten, ihn an Bord zu bringen, setzten sie ihn in das Boot des Kommandanten, das noch am Hinterschiff lag. Die Waren brachten sie nicht mit, da sie glaubten, daß Diogo Diaz, dem königlichen Befehle folgend, an Land zurückkehren würde. Als der Kommandant die beiden Kameraden glücklich an Bord sah, wollte er nicht, daß sie noch einmal zurück aufs Festland gingen. Er übergab den Wappenpfeiler den Insassen einer Barke, ganz wie der König befohlen hatte, außerdem ließ er die sechs vornehmsten seiner Gefangenen frei, die anderen ließ er noch nicht gehen, und er sagte, er würde sie erst herausgeben, wenn er am nächsten Tag die Waren brächte.

Am Dienstagmorgen kam ein Maure aus Tunis, der unsere Sprache verstand, zu uns herausgerudert und sagte, daß sie ihm alles, was er besessen hatte, genommen hätten. Er fürchte, daß sie ihm noch mehr Unheil zufügen würden, denn er befände sich in einer äußerst gefährlichen Lage, da die Eingeborenen behaupteten, er sei ein Christ und im Auftrag des Königs von Portugal nach Calicut gekommen. Er wolle lieber mit uns fahren als in einem Land bleiben, wo er jeden Tag gewärtig sein müsse, getötet zu werden. Gegen 10 Uhr morgens kamen sieben Barken mit einer vielköpfigen Besatzung. In drei der Barken waren auf den Ruderbänken gestreifte Tücher von uns ausgebreitet, die im Lagerhaus zurückgeblieben waren. Und sie wollten uns zu verstehen geben, daß sie uns damit die ganze

Ware zurückbrächten. Diese drei Boote näherten sich den Schiffen, hielten jedoch noch vorsichtig Distanz; die anderen vier blieben weiter zurück. Sie riefen uns zu, wir sollten ihre Leute in unser Boot setzen, dann würden sie die Ware hineinlegen und ihre Leute abholen. Wir durchschauten diese plumpe List schnell, und der Kommandant rief ihnen zu, sie sollten machen, daß sie wegkämen, er wolle die Ware nicht, sondern ihre Leute mit nach Portugal nehmen, außerdem sollten sie nur warten; er gedenke bald wieder nach Calicut zu kommen, und dann würden sie sehen, ob wir wirklich Diebe und Räuber wären, wie die Mauren gesagt hatten.

Im Hinblick darauf, daß wir bereits gefunden und entdeckt hatten, wonach wir gefahren waren, nämlich Gewürze sowohl wie Edelsteine, und weil wir doch nicht in Frieden und Freundschaft von den Bewohnern dieses Landes Abschied nehmen konnten, beschloß der Kommandant an einem Mittwoch – es war der 29. August –, mit den anderen Kapitänen abzufahren und die Leute, die wir bei uns hatten, mitzunehmen, denn diese würden uns bei einer Rückkehr nach Calicut zweifellos helfen können, freundliche Beziehungen zur Bevölkerung herzustellen. Und so gingen wir ohne Verzug unter Segel und traten unseren Weg nach Portugal an. Wir waren alle sehr froh, daß wir das Glück gehabt hatten, eine so große Entdeckung zu machen, wie wir sie getan hatten. Am Donnerstag, ungefähr zur Mittagsstunde, während wir uns in einer Flaute rund eine Légua unterhalb von Calicut befanden, kamen siebzig Barken mit zahllosem Kriegsvolk auf uns zugefahren. Sie trugen vorn Brustpanzer von rotem Stoff, doppelt genommen, wie sehr starke Lederkoller. Ihre Waffen für Körper, Hände und Kopf sind ...*

Und als sie unseren Schiffen auf einen Bombardenschuß nahegekommen waren, wurde vom Schiff des Kommandanten sofort auf sie geschossen und ebenso von den anderen Schiffen. Sie mochten so ungefähr anderthalb Stunden hinter uns drein gefahren sein, als ein Gewittersturm über uns hereinbrach, der unsere Schiffe auf die offene See hinaustrieb. Als unsere Verfolger sahen, daß sie nichts mehr erreichen konnten, wandten sie sich wieder dem Festland zu. Wir aber fuhren weiter unseres Wegs.

Von diesem Lande Calicut, das Hochindien heißt, kommen die Gewürze her, die im Osten und Westen, in Portugal und in allen anderen Ländern der Welt verzehrt werden. Desgleichen kommen von der Stadt Calicut mit Namen viele Edelsteine aller Art; das heißt, von eigenen Erzeugnissen gibt es in dieser Stadt nur folgende Gewürze: viel Ingwer, Pfeffer und Zimt, obwohl letzterer nicht so fein ist wie der von einer Insel, die Ceylon heißt. Diese ist von Calicut acht Tagereisen entfernt, und all ihr Zimt geht nach Calicut und nach einer Insel, die sie Malakka nennen, von wo die Gewürznelke nach Calicut kommt. Dort nehmen die Schiffe aus Mekka die Gewürze an Bord und bringen sie zu einer

---

* Der Kopist der verlorengegangenen Originalaufzeichnungen macht hier auf eine Lücke im Text mit der Bemerkung aufmerksam: »Wie diese Waffen aussahen, ist dem Verfasser des Buches in der Federspitze steckengeblieben.«

Stadt, die in der Gegend von Mekka liegt und Judeà* heißt. Von dieser Insel Malakka bis dorthin brauchen sie vor dem Wind fünfzig Tage, weil die Schiffe dieses Landes nicht mit Seitenwind fahren. Dort angekommen, löschen sie die Ladung und zahlen dem Großsultan ihren Zoll. Dann werden die Gewürze in kleinere Schiffe geladen, die sie durch das Rote Meer zu einem Ort bringen, der nahe bei S. Katharina am Sinai liegt und Suez heißt. Und auch hier bezahlen sie wieder Zoll. Dort laden die Kaufleute die Gewürze auf Kamele um, die sie für vier Cruzados pro Kamel mieten, und bringen sie in zehn Tagen nach Kairo, wo sie erneut Zoll zu bezahlen haben. Auf diesem Weg nach Kairo werden sie oft von Räubern überfallen, die es hierzulande in großer Anzahl gibt; diese sind Beduinen und andere. Dort laden sie die Gewürze von neuem in Schiffe um, die auf einem Fluß fahren, der Nil heißt und aus dem Land des Erzpriesters Johannes in Niederindien kommt; auf diesem Fluß fahren sie zwei Tage, bis sie zu einem Ort kommen, der Rosette genannt wird, und hier zahlen sie wieder Zoll. Nun lädt man die kostbare Fracht von neuem auf Kamele und bringt sie in einer Tagereise nach einer Stadt, die Alexandria heißt und eine Seestadt ist. Dorthin kommen die venezianischen und genuesischen Galeeren, um diese Gewürze zu kaufen. Und der Großsultan in Kairo bekommt von den Gewürzen, wie man errechnet hat, sechs mal hunderttausend Cruzados Zoll. Davon gibt er jährlich zehntausend an einen König, der Cidadym heißt, um damit gegen den Erzpriester Johannes

* Dschidda

Das Aufrichten eines Wappenpfeilers
(nach einer romantisierenden Darstellung jüngeren Datums)

Krieg zu führen. Weil dieser Titel Großsultan nicht vom Vater auf den Sohn übergeht, wird er für Geld gekauft.

Ich kehre wieder zur Schilderung unserer Reise zurück.

Da der Wind nur schwach wehte und darüber hinaus einmal vom Festland, dann wieder vom offenen Meer her blies und wir tagsüber bei Windstille stets vor Anker gingen, kamen wir nur sehr langsam längs der Küste voran. An einem Montag, es war der 10. September, während wir in der beschriebenen Weise die Küste entlangkreuzten, schickte der Kommandant durch einen der Leute, die wir mitgenommen hatten und der auf einem Auge schielte, einen Brief an den König Samorin, der von einem Mauren, der bei uns an Bord war, in Arabisch geschrieben war. Das Land, wo wir den Inder mit dem Brief aussetzten, nennen sie Compia und den König dort Biaquolle. Dieser liegt im Krieg mit dem König von Calicut. Während wir am anderen Tag bei Windstille ankerten, kamen Barken zu unseren Schiffen gefahren, die Fische mit sich führten, und ihre Bemannung kam ohne alle Furcht zu uns an Bord. Am folgenden Samstag – es war der 15. besagten Monats – fuhren wir an einer Gruppe von Inseln vorbei, die ungefähr zwei Léguas vom Land entfernt lag. Dort setzten wir ein Boot aus und errichteten einen Wappenpfeiler. Der Insel gab man den Namen S. Maria, weil der König gesagt hatte, wir sollten drei Wappenpfeiler aufrichten und dem einen den Namen S. Gabriel geben, dem anderen S. Rafael und dem dritten S. Maria. So hatten wir mit diesem alle drei aufgerichtet: Den ersten hatten wir am »Strom der guten Vorbedeutungen« gesetzt (das war der S. Rafael), den zweiten in Calicut (das war der S. Gabriel) und nun den letzten, S. Maria. Dort kamen ebenfalls viele Barken zu unseren Schiffen mit Fischen darin, und der Kommandant gab ihnen Hemden dafür und nahm sie freundlich auf und fragte sie, wenn sie gern einen Wappenpfeiler hier haben wollten, so wolle er ihn auf dieser Insel errichten lassen. Sie entgegneten darauf, daß sie ihn sehr gerne haben wollten und daß dies für sie die Gewähr sei, daß wir Christen seien wie sie. Darauf fuhren wir hin und richteten diesen Wappenpfeiler in bester Freundschaft auf.

Noch in der folgenden Nacht gingen wir mit Landwind unter Segel und fuhren weiter unseres Wegs, und am folgenden Donnerstag, es war der 19. September, fuhren wir an einem sehr anmutigen, gebirgigen Lande mit guter Luft vorüber, das an der Küste sechs kleine Inseln hatte. Hier warfen wir ganz nahe am Land Anker und setzten ein Boot aus, um Wasser und Brennholz aufzunehmen, die für die Überfahrt ausreichen sollten, die wir anzutreten gedachten, sobald uns die Winde günstig wären. Als wir an Land kamen, fanden wir einen jungen Burschen, der mit uns in einen Fluß hineinfuhr und uns eine Quelle mit sehr gutem Wasser zeigte, die zwischen zwei Felsen hervorsprudelte. Der Kommandant schenkte dem jungen Mann eine Mütze und fragte ihn, ob er Maure oder Christ sei. Er antwortete, er sei Christ, und als wir ihm sagten, auch wir seien Christen, da freute er sich sehr. Am darauffolgenden Tag kam in der Frühe ein Boot mit vier Menschen zu uns, die uns viele Kürbisse und Gurken brachten. Der Kommandant fragte sie, ob es in diesem Lande dort auch Zimt oder Ingwer oder irgendein anderes Gewürz gäbe. Sie entgegneten, es gäbe Zimt in Hülle und Fülle, sonst aber kein anderes Gewürz. Vasco da Gama schickte sogleich zwei Leute mit ihnen an Land, um eine Probe davon zu holen, und die Eingeborenen nahmen sie mit zu einem Gehölz, wo es zahllose Zimtbäume gab. Von diesen Bäumen schnitten sie zwei große Äste ab und ließen auch das Laub noch daran. Wir waren unterdessen mit den Booten losgefahren, um unseren Wasservorrat aufzufrischen, und fanden die zwei Leute mit den Zimtästen, die sie noch immer mit sich führten, in Begleitung von ungefähr zwanzig Menschen, die dem Kommandanten viele Hühner, Kuhmilch und Kürbisse brachten. Und sie sagten uns, wir sollten die zwei Leute mitgehen lassen, denn sie hätten an einer Stelle, unweit von hier entfernt, eine Menge getrockneten Zimt gelagert. Sie könnten sich dann diesen ansehen und eine Probe davon mitnehmen. Nachdem wir unsere Wasserfässer gefüllt hatten, kehrten wir zu den Schiffen zurück, und sie versprachen uns, sie würden am anderen Tag wieder an Bord kommen und dem Kommandanten ein Geschenk mit Kühen, Schweinen und Hühnern machen. Als es am anderen Morgen hell wurde, sahen wir nahe am Land zwei große Barken, die ungefähr zwei Léguas von uns entfernt sein mochten, wir nahmen aber keine besondere Notiz davon. Wir fuhren wieder an Land, solange die Flut stieg, so daß wir in den Fluß einfahren konnten, und während wir schon unterwegs waren und Brennholz schlugen, schien es dem Kommandanten, als ob besagte Barken größer wären, als es ihm anfangs vorgekommen war. Sogleich befahl er uns, in die Boote einzusteigen und zum Essen zu fahren. Sobald wir gegessen hätten, sollten wir mit unseren Booten hinüberfahren und sehen, ob es sich bei den Leuten in den Barken um Mauren oder Christen handelte. Als der Kommandant an Bord seines Schiffes war, schickte er sogleich einen Matrosen in den Mastkorb, der Ausschau halten sollte, ob noch weitere Schiffe in Sicht kämen, und der Matrose sah in der Tat ungefähr sechs Léguas von uns entfernt acht Schiffe seewärts liegen. Der Kommandant befahl, sofort zu wenden. Als der Wind ihnen günstig wurde, fuhren die fremden Schiffe so schnell sie konnten unter dem Wind, und als sie auf gleicher Höhe mit uns waren – immerhin mochten es von uns bis zu ihnen noch zwei Léguas sein –, so daß wir glaubten, daß sie uns bald erblicken könnten, nahmen wir Kurs auf sie. Als sie sahen, daß wir ungestüm auf sie losfuhren, fingen sie an, rückwärts dem Lande zuzusteuern, und dem einen brach, noch ehe er das rettende Ufer erreichte, das Steuer, und die Besatzung warf sich in das Boot, das am Hinterschiff befestigt war, und fuhr damit an Land. Wir fuhren näher an das führerlose Schiff heran, enterten es und fanden darin nichts außer Lebensmitteln und Waffen.

Die Nahrungsvorräte bestanden aus Kokosnüssen und vier Krügen mit Palmzucker. Alles andere war mit Sand gefüllt, der als Ballast diente. Die anderen sieben Schiffe liefen am Ufer auf, und wir fuhren mit unseren Booten hin und schossen sie in Stücke. –

Am nächsten Morgen, als wir noch vor Anker lagen, kamen sieben Männer in einer Barke zu uns und sagten, daß diese Schiffe von Calicut gekommen seien und uns gesucht hätten. Wenn es ihnen gelungen wäre, uns gefangenzunehmen, hätten sie uns alle getötet. Am nächsten Tag fuhren wir wieder weiter und warfen, zwei Bombardenschüsse von der Stelle entfernt, an der wir zuerst gelegen hatten, bei einer Insel* Anker, auf der sie uns sagten, daß es Wasser gäbe. Der Kommandant schickte sogleich den Nicolao Coelho mit einem bewaffneten Boot ab, um zu sehen, wo der Wasserplatz wäre. Nicolao Coelho fand auf dieser Insel einen Kirchenbau aus großen, behauenen Steinen, der, wie die Bewohner des Landes erzählten, von den Mauren zerstört worden war. Nur die Kapelle stand noch, mit Stroh gedeckt, und sie beteten zu drei schwarzen Steinen, die mitten im Innenraum der Kapelle standen. Außerdem fanden sie hinter dieser Kirche einen Wasserbehälter aus Stein, der ebenfalls von Menschenhand hergestellt war und worin sie soviel Wasser fanden, wie sie brauchten. Ganz oben auf der Insel war ein großer Teich von vier Ellen Tiefe, und schließlich fanden wir gegenüber dieser Kirche eine Bucht, in der wir die *Bérrio* und das Schiff des Kommandanten reinigten. Die *S. Rafael* ging nicht an Land wegen der unten beschriebenen Übelstände.

Eines Tages, als wir uns auf der *Bérrio* am Ufer befanden, kamen zwei große Barken in der Art von Fusten auf uns zu, die zahlloses Volk trugen. Sie

---

* Angediva

kamen munter herangerudert und bliesen Trompeten und schlugen Trommeln, und die Toppen waren beflaggt; und weitere fünf Barken lagen zu ihrem Schutz längs der Küste.

Noch ehe sie zu unseren Schiffen kamen, fragten wir die Eingeborenen, die wir bei uns hatten, was für Menschen und was für Volk dies sei. Sie sagten uns, wir sollten diese nicht an Bord kommen lassen, denn sie seien Seeräuber und kämen nur, um uns, wenn sie könnten, gefangenzunehmen. Die Bewohner dieses Landes führen stets bewaffnet umher, pflegten in aller Freundschaft die Schiffe zu besteigen, doch wenn sie drinnen wären und die Lage günstig fänden, dann legten sie Hand an das Schiff. Als die Barken auf einen Bombardenschuß herangekommen waren, wurde von der *S. Rafael* auf sie geschossen und ebenso vom Schiff des Kommandanten. Sie fingen an »Tambaram« zu rufen, womit sie sagen wollten, daß sie Christen seien, denn die Christen dieses Landes nennen Gott Tambaram. Als sie bemerkten, daß wir uns darum nicht scherten, begannen sie nach dem Lande zu fliehen, und Nicolao Coelho fuhr in einem Boot ein Stück hinter ihnen her, bis er vom Schiff des Kommandanten ein Flaggenzeichen erhielt, daß er umkehren solle.

Am anderen Tag, als die Kapitäne mit vielen Leuten an Land waren und die *Bérrio* reinigten, kamen zwei kleinere Barken und brachten ungefähr zwölf gutgekleidete Männer heran, die dem Kommandanten ein Bündel Zuckerrohr als Geschenk überreichten. Sobald sie an Land waren, baten sie den Kommandanten, er möge sie unsere Schiffe ansehen lassen. Doch Vasco da Gama hatte den Eindruck, daß sie nur gekommen waren, um herumzuspionieren, und er fing an, sich über sie zu ärgern. Inzwischen hatten sich uns noch zwei andere Barken mit ebensoviel Leuten darauf genähert, und weil jedermann sehen konnte, daß der Kommandant ihnen kein Entgegenkommen zeigte, riefen die, die an Land waren, den Neuankömmlingen zu, sie sollten nicht ans Ufer kommen, sondern umkehren. Sie selbst stiegen ebenfalls wieder in ihre Boote und fuhren hinter den anderen her.

Während das Schiff des Kommandanten gereinigt wurde, kam ein Mann im Alter von ungefähr vierzig Jahren zu uns, der sehr gut Venezianisch sprach. Er war von Kopf bis Fuß in Leinen gekleidet, trug einen prächtigen Turban auf dem Kopf und einen Säbel im Gürtel. Als er aus seinem Boot ausstieg, ging er sogleich hin und umarmte den Kommandanten und die Kapitäne und fing an zu erzählen, daß er Christ sei und aus der Levante stamme. Er sei ganz jung in dieses Land gekommen, lebte nun bei einem Fürsten, der vierzigtausend Mann zu Pferd halte und Maure sei. Er selbst sei ebenfalls Mohammedaner, aber im Herzen sei er doch ganz Christ geblieben. Während er im Haus seines Fürsten gewesen sei, sei man gekommen und hätte ihm erzählt, daß in Calicut Leute wären, die niemand verstehen könne und die von Kopf bis Fuß bekleidet gingen. Als er dies gehört habe, hätte er sich gleich gesagt, diese Leute können nur Franken sein, denn so nennt man uns hier in diesen Gegenden. Er habe seinen Herrn umgehend um Erlaubnis gebeten, uns aufsuchen zu dürfen, und wenn man ihn nicht gehenlassen würde, so hätte er gesagt, dann würde er vor Kummer sterben. Darauf habe sein

Herr ihm gesagt, er solle nur gehen und uns sagen, wenn wir irgend etwas aus seinem Lande brauchen könnten, würde er uns dies gerne geben, er biete uns Schiffe und Lebensmittel an, und wenn wir gar in seinem Lande bleiben wollten, so würde ihn das sehr freuen. Als der Kommandant ihm seinen Dank dafür aussprach, denn er schien aufrichtig und das, was er sagte, ehrlich gemeint zu sein, sagte er weiter, er bäte den Kommandanten um die Gnade, ihm einen Käse geben zu wollen, den er einem Kameraden schicken wolle, der an Land zurückgeblieben sei; er habe diesem versprochen, daß er ihm ein Zeichen geben wolle, wenn alles gut ausgegangen sei, damit er sich nicht weiter beunruhigte. Darauf ließ ihm der Kommandant einen Käse und zwei mürbe Brote geben. Er blieb zunächst weiter bei uns an Land und sprach so viel und von so vielerlei Dingen, daß er dann und wann in Widersprüche geriet. Darauf ging Paulo da Gama zu den Christen des Landes, die ihn gebracht hatten, und fragte sie, wer dieser Mann sei. Sie sagten ihm, er sei der Kaperkommandant, der gekommen sei, uns hier anzugreifen; seine Schiffe mit viel Kriegsvolk lägen am Land versteckt. Als wir dies und was wir außerdem noch von ihrer Rede verstanden in Erfahrung gebracht hatten, nahmen wir den Fremden fest, brachten ihn auf das an Land gezogene Schiff des Kommandanten und fingen an ihn durchzupeitschen, damit er gestände, wer er wäre, ob er der Kommandant der Kaperschiffe sei, die hinter uns her wären, und warum er gekommen sei. Und er gestand uns, er wüßte genau, wie feindselig im ganzen Land die Stimmung uns gegenüber sei, daß viele Bewaffnete rings um uns herum in den Buchten lägen, daß aber niemand wage, uns anzugreifen, weil sie noch auf vierzig Segel warteten, die erst gerüstet werden müßten, um uns angreifen zu können; doch wisse er nicht, wann dieser Angriff erfolgen solle. Zunächst hatte er nichts anderes gesagt, als das, was er von Anfang an von sich gegeben hatte. Daraufhin wurde er drei- oder viermal mit Nachdruck befragt, und wenn er auch keine klaren Angaben machte, so merkten wir doch aus seinen Andeutungen – und dies mußte er uns eingestehen –, daß er nur gekommen war, um unsere Schiffe auszuspionieren und in Erfahrung zu bringen, wie groß unsere Mannschaften und unsere Bewaffnung waren, die wir mit uns führten.

Auf dieser Insel verbrachten wir insgesamt zwölf Tage, und wir ernährten uns fast ausschließlich von Fisch, den uns die Bewohner zum Kauf brachten, außerdem von vielen Kürbissen und Gurken. Sie brachten uns auch ganze Barken voll grünen Zimtholzes, das sogar noch belaubt war. Doch nachdem wir die Schiffe gereinigt und Wasser eingenommen hatten soviel wir brauchten, zerstörten wir das erbeutete Schiff und fuhren an einem Freitag – es war der 5. Oktober – wieder ab.

Ehe die Barke zerstört wurde, boten die Eingeborenen Vasco da Gama tausend Fanão zum Tausch für das Schiff an, doch er erklärte, daß er seine Beute nicht verkaufen würde, weil sie von seinen Feinden sei, mit denen er keinen Handel treibe und weswegen er es unter allen Umständen verbrennen wolle.

Als wir ungefähr zweihundert Léguas in der offenen See waren, sagte der Maure, den wir festgenommen hatten, es scheine ihm nun an der Zeit zu sein, nichts mehr zu verbergen. Es sei wahr, daß man, während er im Hause seines Herrn gewesen sei, gekommen wäre und ihm gesagt hätte, wir führen ziellos die Küste entlang und hätten uns derart verirrt, daß wir den Rückweg zu unserem Land nicht mehr finden könnten und daß aus diesem Grunde etliche Geschwader unterwegs seien, er solle gehen und die Lage auskundschaften. Außerdem solle er versuchen, uns zum Lande seines Herrn zu bringen, vor allem deswegen, weil ihm gesagt worden sei, daß er, wenn der Kaperkommandant uns gefangennehmen würde, keinen Anteil an der Beute haben würde. Sobald wir durch diese List an Land gelockt sein würden, sollte er uns gefangennehmen lassen, nicht zuletzt deswegen, weil wir doch beherzte Männer wären, die ihm helfen könnten, seine Kriege gegen die Nachbarkönige zu gewinnen. Doch war diese Rechnung ohne den Wirt gemacht.*

Für diese Überfahrt brauchten wir lange Zeit. Es vergingen drei Monate weniger drei Tage, bis wir wieder Land sahen. Die Ursache dafür waren häufige Windstillen und Gegenwinde, die unser Vorankommen so behinderten, daß uns die ganze Mannschaft krank wurde. Das Zahnfleisch wucherte ihnen so über die Zähne, daß sie nicht mehr essen konnten; außerdem schwollen ihnen die Beine an,

* Dieser »Levantiner« war, wie er später gestand, Jude polnischer Herkunft, den es nach Indien verschlagen hatte. Vasco da Gama nahm ihn nach Portugal mit, wo er sich taufen ließ und den Namen Gaspar da Gama annahm (in manchen Quellen auch Gaspar da India genannt). 1500 fuhr er als Dolmetscher mit Gabral nach Indien, nahm auch an Dom Vascos zweiter Indienfahrt teil und machte noch eine erstaunliche Karriere bei Hofe.

und sie bekamen auch sonst am ganzen Körper große Geschwüre, die einen Mann so weit herunterwirtschafteten, bis er starb, ohne an irgendeiner anderen Krankheit zu leiden. Auf diese Weise starben uns während der Zeit der Überfahrt dreißig Leute, unerachtet derer, die bereits gestorben waren, ehe wir unsere Rückreise angetreten hatten. Und diejenigen, die auf den einzelnen Schiffen noch Dienst taten, mochten sieben oder acht Mann sein, und sie waren weit davon entfernt, so gesund zu sein, wie sie es hätten sein sollen. Und ich versichere Euch, wenn dieses Wetter noch vierzehn Tage lang angehalten hätte, hätten wir auf der Stelle gewendet und wären übers Meer zurückgefahren, weil wir dann keinen Mann mehr gehabt hätten, der auf den Schiffen hätte Dienst tun können. Wir waren an dem Punkt angelangt, an dem alle Manneszucht aufhörte. Während wir so in Todesnot weiterfuhren, taten wir auf den Schiffen viele Gelübde an Heilige und Fürsprecher. Die Kapitäne hatten mittlerweile schon den Entschluß gefaßt, daß wir, wenn uns günstiger Wind zu Hilfe käme, der uns nach Indien, von wo wir ja eigentlich hatten wegfahren wollen, zurückführte, dort gerne wieder landen würden.

Da gab uns Gott in seiner Gnade einen Wind, der uns in ungefähr sechs Tagen an Land brachte, worüber wir so glücklich waren, als wenn es portugiesischer Boden gewesen wäre, da wir hofften, dort mit Gottes Hilfe wieder so zu Kräften zu kommen wie das erste Mal. Dies ereignete sich an einem Mittwoch, dem 2. Januar des Jahres 1499.

Und weil es bereits Abend wurde, als wir uns dem Lande näherten, wendeten wir und fuhren noch ein wenig in Richtung auf das offene Meer. Gegen Morgen des folgenden Tages fuhren wir wieder auf das Festland zu, um zu erfahren, wohin uns der Herr geführt hatte, denn auf unseren Schiffen gab es keinen Lotsen mehr und keinen Mann, der die Breite zu berechnen verstanden hätte, um festzustellen, in welcher Gegend wir uns befanden. Einige sagten, daß wir nirgendwo anders als inmitten einer Gruppe von Inseln sein könnten, die dreihundert Léguas nördlich von Moçambique liegen. Der Grund für diese Ansicht war die Aussage eines Mauren, den wir in Moçambique gefangengenommen hatten und der uns nun erzählte, daß diese Inseln über alle Maßen ungesund wären, ja daß sogar diejenigen, die darauf lebten, an der nämlichen Krankheit litten wie unsere Leute. Zu diesem Zeitpunkt lagen wir vor einer sehr großen Stadt, die durch vier mächtige Türme begrenzt wurde, Reihen von mehrstöckigen Häusern erkennen ließ und in deren Mitte ein prächtiger Palast stand. Die Stadt liegt dicht am Meer, ist maurisch und heißt Mogadischu.

Als wir ganz nahe an ihr vorbeifuhren, gaben wir viele Bombardenschüsse ab und fuhren mit gutem Wind im Rücken unseres Wegs die Küste entlang, wobei wir tagsüber segelten, nachts jedoch vor Anker gingen, da wir nicht wußten, wie weit wir es noch bis nach Melinde hatten, wo wir zu landen gedachten. An einem Samstag, es war der 5. besagten Monats, während wir uns in einer Flaute befanden, rissen durch einen Gewittersturm, der urplötzlich über uns hereinbrach, die Stütztaue auf der *S. Rafael.* Während wir langsam weiterfuhren und versuchten, die *S. Rafael* wieder seetüchtig zu machen, kam ein Kaperkapitän aus einer Stadt, die Pate heißt, mit acht Barken und viel Kriegsvolk auf uns zugefahren. Als sie uns auf einen Bombardenschuß nahegekommen waren, schossen wir auf sie, und sie flohen auch sogleich wieder dem Lande zu. Wir verfolgten sie nicht, da wir keinen günstigen Wind hatten.

Am 9. Tag desselben Monats warfen wir Anker vor Melinde. Der dortige König schickte sogleich ein langes Boot mit vielen Leuten zu uns hinaus, das uns eine Anzahl Hammel überbrachte, und ließ dem Kommandanten sagen, er sei herzlich willkommen, habe er doch schon seit Tagen auf ihn gewartet. Begleitet wurden diese Reden von vielen anderen Worten über Frieden und Freundschaft, und der Kommandant schickte einen Mann mit denen, die zu uns gekommen waren, an Land, um Orangen zu holen, nach denen die Kranken, die wir an Bord hatten, sehr verlangten. Dieser brachte sie denn auch in der Tat ohne Zögern, wenngleich sie den Kranken schließlich nichts nützten, denn der Landaufenthalt griff sie so an, daß uns hier viele unter den Händen wegstarben. Auf Befehl des Königs kamen auch viele Mauren an Bord, die uns viele Hühner und Eier zum Tausch anboten. Als der Kommandant sah, daß uns zu einer Zeit, zu der wir es dringend nötig hatten, so viel Ehre erwiesen wurde, schickte er dem König ein Geschenk und ließ durch einen unserer Männer sagen – es war derjenige, der des Arabischen kundig war –, er bitte ihn, ihm ein Horn von Elfenbein zu geben, das er dem König, seinem Herrn, mitbringen könne. Außerdem wolle er als Zeichen der gegenwärtigen Freundschaft einen Wappenpfeiler an Land aufstellen lassen, der als Zeichen der Unverbrüchlichkeit dieser Freundschaft stehenbleiben solle.

Der König entgegnete, daß er dem König von Portugal zuliebe, dem er zu dienen wünsche und dem er stets zu Diensten sein wolle, sehr gern all das tun wolle, was Vasco da Gama vorschlüge; wie er denn in der Tat auch gleich dem Kommandanten das Horn schickte und den Wappenpfeiler an Land mitnehmen ließ. Auch schickte er einen jungen Mauren, der mit uns fahren und Portugal sehen sollte. Der König ließ diesen Mauren dem Kommandanten sehr empfehlen, außerdem ließ er ihm ausrichten, er schicke ihm diesen jungen Mann, damit der König von Portugal erführe, wie sehr er dessen Freundschaft wünsche.

An diesem Ort blieben wir fünf Tage lang, ruhten uns aus und erholten uns von all der Mühsal, die wir bei der Überfahrt zu erleiden gehabt hatten, während der wir alle nahe daran gewesen waren, den Tod zu finden.

An einem Freitagmorgen brachen wir wieder auf, und als es Samstag wurde – es war der zwölfte Tag besagten Monats –, fuhren wir nahe an Mombasa vorbei. Am Sonntag gingen wir bei den »Untiefen der S. Rafael« vor Anker, wo wir Feuer an das Schiff dieses Namens legten, da es ein Ding der Unmöglichkeit geworden war, mit so wenig Leuten, wie wir es noch waren, drei Schiffe zu bedienen. Hier brachten wir auch alle Ladung der *S. Rafael* auf die zwei anderen, die uns noch blieben. Wir lagen dort ganze fünf Tage, und aus einer kleinen Stadt, die unserem Ankerplatz gegenüberlag – sie heißt Tamugata – brachten uns die Eingeborenen viele Hühner zum Verkauf oder zum Tausch gegen Hemden und Armbänder. Und an einem Sonntag, es war

Afrika und Indien
(nach einer Karte von Diego Ribero, Sevilla 1529)

GEDROSIA
INDIA ITRA GAGE
INDIA EXTRA GAGE
REGNO DE
·ANSIAN
SINVS GAGETICVS
CAMATRA
IAVAS
MARE INDICVM:

am 17. Tag im Januar, segelten wir bei günstigem Wind von dort nach Süden. Die folgende Nacht ließen wir uns treiben, bis wir uns gegen Morgen einer großen Insel genähert hatten, die Sansibar heißt.

Diese wird von vielen Mauren bewohnt und liegt gut zehn Léguas vom Festland entfernt. Am Nachmittag des 1. Februar gingen wir vor den Inseln von S. Jorge bei Moçambique vor Anker. Tags darauf zogen wir los und setzten auf der Insel, auf der wir bei unserer Hinreise eine Messe gelesen hatten, einen Wappenpfeiler. Da der Regen in so unvorstellbarer Menge auf uns niederging, so daß wir kein Feuer anzünden konnten, um Blei zu schmelzen und das Kreuz darauf aufzurichten, blieb der Pfeiler ohne Kreuz, wir aber kehrten zu den Schiffen zurück und fuhren sogleich wieder ab.

Am 3. März liefen wir in die Bucht von S. Braz ein, wo wir uns mit einer größeren Menge Trinkwasser versorgten, außerdem Seelöwen und Pinguine an Bord nahmen, von denen wir Pökelfleisch für unsere weitere Rückreise machten. Am zwölften Tag desselben Monats fuhren wir wieder ab. Als wir zehn oder zwölf Léguas von dieser Wasserstelle entfernt waren, begann der Westwind derart zu blasen, daß wir umkehren und in derselben Bucht wieder Anker werfen mußten. Als es wieder gutes Wetter wurde, fuhren wir von neuem ab, und der Herr gab uns so guten Wind, daß wir am 20. März das Kap der Guten Hoffnung passierten. Und wer von unserer Mannschaft bis dahin gekommen war, war gesund und kräftig, nur manchmal halb tot vor Kälte durch die großen Stürme, in die wir in dieser Gegend gerieten. Wir schrieben diese Kälteempfindlichkeit mehr der Tatsache zu, daß wir aus einem sehr heißen Land kamen, als daß die dort herrschende Kälte besonders grimmig gewesen wäre, und fuhren unseres Weges weiter, so recht voll Sehnsucht, schließlich ans Ziel zu kommen. Wir segelten mit günstigem Wind, der gut siebenundzwanzig Tage anhielt, so daß er uns bis in die Gegend der Insel San Tiago trug; zumindest nach den Seekarten konnten wir im höchsten Falle noch hundert Léguas davon entfernt sein. Und als wir tatsächlich auf der Höhe von San Tiago waren, hörte dieser Wind auf. Das bißchen an Luftbewegung, das wir noch zu spüren bekamen, war sehr schwach und kam von vorn, und um nun genau festzustellen, wo wir waren, segelten wir in ein paar Gewitterstürmen, die uns vom Land her immer wieder überraschten, soviel wir konnten, bis wir an einem Donnerstag – es war der 25. April – in 35 Faden Tiefe Grund fanden. Obwohl wir noch den ganzen Tag weiterfuhren und die geringste Tiefe nur mehr 20 Faden betrug, konnten wir doch kein Land in Sicht bekommen, die Steuerleute meinten, daß wir uns inmitten der Untiefen des Rio Grande befänden.*

*Hier bricht der Bericht über die Reise ab.*

*Die beiden Schiffe wurden durch einen Sturm voneinander getrennt. Während Nicolao Coelho seine Fahrt nach Portugal fortsetzte und am 10. Juli 1499 die Heimat erreichte, steuerte Vasco da Gama mit der leckgeschlagenen* S. Gabriel *die Kapverdische Insel San*

* an der Küste von Guinea, gegenüber den Bissagos-Inseln

*Tiago an. Dort sollte das Schiff wieder seetüchtig gemacht werden. Da sich die Instandsetzungsarbeiten hinzogen, charterte der ungeduldig nach Portugal drängende Vasco da Gama eine Karavelle und trat die – wie er glaubte – letzte Etappe seiner Reise an. Erneute Stürme oder der desolate Gesundheitszustand seines Bruders zwangen ihn jedoch zu einer weiteren Zwischenlandung auf der Azoreninsel Terceira. Dort starb Paulo da Gama. Nach seiner Beisetzung in Angra fuhr Vasco da Gama gegen Ende August weiter und lief in der ersten Septemberhälfte im Hafen von Lissabon ein. Das genaue Datum ist nicht bekannt; die verschiedenen Angaben der späteren Chronisten sind widersprüchlich. Als gesichert kann lediglich gelten, daß der Entdecker zwischen dem 29. August und dem 18. September 1499 von seiner erfolgreichen Indienfahrt heimkehrte. Von den einhundertsechzig Mann, die zwei Jahre zuvor losgefahren waren, hatten nur fünfundfünfzig die Reise überlebt.*

*Es gibt keine stichhaltige Erklärung dafür, warum der unbekannte Autor des Reisejournals seine Aufzeichnungen am 25. April 1499, kurz bevor der Sturm die* Bérrio *und die* S. Gabriel *trennt, abrupt abbrechen läßt. Denkbar wäre, daß der Chronist selbst auf der* Bérrio *fuhr – vielleicht erst seit der Vernichtung der* S. Rafael *– und er die Beschreibung von Vasco da Gamas Entdeckungswerk nicht durch seine Erlebnisse unter dem Kommando des Nicolao Coelho verwässern wollte, ist es doch nicht auszuschließen, daß dieser durchaus absichtsvoll nicht auf die* S. Gabriel *wartete, um dem portugiesischen König als erster die Kunde vom Erfolg des ebenso waghalsigen wie entbehrungsreichen Unternehmens zu überbringen und sich auf diese Weise den Ruhm der Nachwelt zu sichern.*

*Für ein derartiges Motiv würde die Tatsache spre-*

*chen, daß der Roteiro zwar unmotiviert abbricht, jedoch einen Anhang enthält, in dem einzelne Länder Südasiens und ihre Produkte kurz beschrieben werden:*

## *Nachrichten über andere Königreiche*

Die hier im folgenden genannten Namen sind die von verschiedenen Königreichen, die an der Küste im Süden von Calicut liegen, sowie die der einzelnen Landesprodukte und ihr Handelswert. Alle diese Angaben habe ich aus zuverlässiger Quelle erfahren, von einem Manne nämlich, der unsere Sprache spricht und vor dreißig Jahren aus Alexandria in diese Gegenden gekommen ist.

Zunächst ist *Calicut*, das Ziel unserer Reise, zu nennen. Dort werden alle die Waren gehandelt, die weiter unten aufgeführt sind, und dort nehmen auch die Schiffe aus Mekka ihre Ladung auf. Der König, den man Samorin nennt, kann, zusammen mit fremden Truppenkontingenten, insgesamt einhunderttausend Männer zu den Waffen rufen; seine eigene Gerichtsbarkeit erstreckt sich jedoch nur auf eine sehr kleine Zahl von Kriegstüchtigen.

Die Waren, die die Schiffe aus Mekka bringen, und ihr Handelswert in diesem Teil Indiens sind im folgenden:

Kupfer: 1 Frazala, das sind fast 30 Pfund, ist 50 Fanão oder 3 Cruzados wert.
Messer kosten 1 Fanão das Stück.
Rosenwasser: 1 Frazala kostet 50 Fanão.
Alaunstein ist 50 Fanão pro Frazala wert.

Wollstoffe: 7 Cruzados das Stück.
Scharlachfarbenes Tuch: Der Pequy, das sind 3 Handbreit, ist 2 Cruzados wert.
Quecksilber kostet 10 Cruzados pro Frazala.

*Cochin* ist ein christliches Land mit einem christlichen König. Es ist bei gutem Wind in drei Tagen übers Meer von Calicut zu erreichen. Der König kann vierzigtausend Kriegsmänner zu den Waffen rufen. Das Land baut ungeheure Mengen Pfeffers an, die neun Fanão pro Frazala kosten, während man in Calicut vierzehn Fanão dafür bezahlt.

*Coulão* (Colon) wird von Christen bewohnt und liegt – bei gutem Wind – zehn Tagereisen von Calicut entfernt. Der König kann zehntausend Männer zu den Waffen rufen. Dieses Land liefert viel Baumwolltuch, jedoch wenig Pfeffer.

*Cael.* Der König ist Mohammedaner, während die Bevölkerung christlich ist. Es liegt zehn Tagereisen übers Meer von Calicut entfernt. Der König gebietet über vierzigtausend Bewaffnete und einhundert Kriegselefanten. Außerdem gibt es viele Perlen in diesem Land.

*Coromandel* ist ein christliches Land mit einem Christen als König. Dieser kann im Kriegsfall hunderttausend Mann zusammenrufen. Das Land produziert größere Mengen von Schellack, zwei Frazalas für einen Cruzado, außerdem gibt es Baumwolltücher in Hülle und Fülle.

*Ceylon* ist eine große Insel, deren König und Bevölkerung christlich sind. Man benötigt acht Tage übers Meer, um mit günstigem Wind von Calicut aus dorthin zu kommen. Der König kann viertausend Mann zu den Waffen rufen, außerdem besitzt er eine große Zahl von Elefanten für den Krieg und für den Handel. Auf Ceylon wächst der feinste Zimt von ganz Indien. Man findet dort auch viele Saphire, die denen der anderen Länder weit überlegen sind, in kleinerer Menge auch Rubine, die dafür aber teuer sind.

*Camatarra* (Sumatra) wird von Christen bewohnt und ist bei gutem Wind in dreißig Tagen von Calicut aus zu erreichen. Dem König stehen viertausend Fußsoldaten und eintausend Mann Kavallerie sowie dreihundert Kriegselefanten zur Verfügung. Das Land produziert viel Rohseide, von der eine Frazala acht Cruzados wert ist. Darüber hinaus liefert es viel Schellack, der zehn Cruzados pro Bahar kostet.

*Borneo* und sein König sind christlich. Die Entfernung von Calicut beträgt fünfzig Tage bei günstigem Wind. Der König vermag zwanzigtausend Kriegsleute und viertausend Mann Kavallerie zusammenzurufen. Außerdem besitzt er vierhundert Kriegselefanten. Das Land produziert viel Benzoeharze, die mit drei Cruzados pro Frazala gehandelt werden. Aloepflanzen, die man dort in großer Menge erntet, kosten fünfundzwanzig Cruzados pro Frazala.

*Tenasserim*, das in Siam liegt, ist christlich und hat einen Christen zum König. Von Calicut aus erreicht man es bei günstigem Wind in vierzig Tagen. Der König befehligt zehntausend Kriegsleute und besitzt fünfhundert Kriegselefanten. In diesem Land gibt es Unmengen von Brasilholz, das zum Färben benutzt wird und ein ebenso schönes Rot hervorbringt wie die Schildlaus. Das Holz kostet hier drei Cruzados pro Bahar, während man in Kairo sechzig Cruzados für die gleiche Menge bezahlt. Außerdem wächst dort, wenn auch in kleinen Mengen, noch die Aloepflanze.

Im Königreich *Bengala* lebt eine Vielzahl von Mohammedanern und eine Minderheit von Christen; der König selbst ist Mohammedaner. Er gebietet über zwanzigtausend Fußsoldaten und zehntausend Reiter. Das Land liefert Baumwoll- und Seidenstoffe in großer Menge; die Silber-Förderung ist beträchtlich. Bei günstigem Wind ist es von Calicut in vierzig Tagen Seereise zu erreichen.

*Malakka* wird von Christen bewohnt, und auch der König ist getauft. Die Entfernung von Calicut beläuft sich auf vierzig Tagereisen bei günstigem Wind. Der König kann sich auf zehntausend Bewaffnete stützen, das heißt auf zweihundert Reiter, der Rest ist Fußvolk. Ausschließlich von dort kommen die Gewürznelken. Sie werden dort für neun Cruzados pro Bahar gehandelt. Es wird dort viel Porzellan hergestellt und Seide gewonnen. Aus dem reichlich vorhandenen Zinn werden Münzen geschlagen. Aber diese Münzen sind so groß und von so geringem Wert, daß man für drei Frazalas nur einen Cruzado zu bezahlen hat. Darüber hinaus ist dieses Land von einer Unzahl von großen Papageien bevölkert, deren Federkleid rot wie Feuer leuchtet.

*Pegu* und sein König sind wie die Gesamtbevölkerung christlich. Die Einwohner sind weißhäutig wie wir. Der König ist Herr über zwanzigtausend Bewaffnete, das heißt über zehntausend Fußsoldaten, der Rest ist beritten. Dazu gesellen sich noch vierhundert Kriegselefanten. Dieses Land produziert allen Moschus der Welt. Der König besitzt eine Insel, die vom Festland ungefähr vier Tagereisen entfernt ist, sofern die Winde günstig stehen, und diese Insel ist von Tieren bewohnt, die den Hindinnen verwandt sind und am Nabel eine Art von Tasche tragen, in der dieser Moschus eingeschlossen ist. Zu bestimmten Zeiten des Jahres reiben sie ihre Leiber an Bäumen und verlieren dabei ihre Taschen, die von den Bewohnern des Landes eingesammelt werden. An diesen Taschen herrscht ein derartiger Überfluß, daß man für einen Cruzado vier große oder zehn bis zwölf kleine erhält, mit denen man allein eine große Truhe füllen kann. Auf dem Festland gibt es Rubine und Gold, von letzterem so viel, daß man für einen Cruzado so viel Gold kaufen kann, wie man in Calicut für fünfundzwanzig Cruzados erhält. Ferner gibt es viel Schellack, Benzoeharz in zwei Sorten, nämlich weiß und schwarz; für das weiße zahlt man drei Cruzados für eine Frazala, für das schwarze nur eineinhalb. Das Silber, das man hier für zehn Cruzados kaufen kann, ist in Calicut fünfzehn Cruzados wert. Dieses Land ist – bei gutem Wind – dreißig Tage von Calicut entfernt.

*Bemguala* hat einen mohammedanischen König. Die Bevölkerung ist eine Mischung von Mohammedanern und Christen; bei günstigem Wind erreicht man es von Calicut in fünfunddreißig Tagen übers Meer. Der dortige König ist imstande, zehntausend Reiter und vierzehntausend Mann Fußvolk zu den Waffen zu rufen; darüber hinaus hat er noch vierhundert Kriegselefanten. Die Handelsgüter dieses Landes bestehen aus Getreide, teuren Stoffen, denn wenn man hier um zehn Cruzados diese Stoffe einkauft, kann man sie um vierzig Cruzados in Calicut losschlagen. Außerdem gibt es dort auch viel Silber.

*Conimata* (Timor) hat einen christlichen König, und auch die Bevölkerung ist christlich. Von Calicut erreicht man dieses Königreich bei günstigem Wind in fünfzig Tagen. Der König verfügt über fünf- bis sechstausend Mann unter Waffen und über tausend Kriegselefanten. Saphire und Brasilholz gibt es dort im Überfluß.

Das Königreich *Pedir* ist vollständig christianisiert, hat einen christlichen König, und man findet darin keinen einzigen Mohammedaner. Der König gebietet über viertausend Soldaten und besitzt einhundert Kriegselefanten. Das Land produziert viel Rhabarber, der dort mit einem Cruzado für eine Frazala gehandelt wird, ferner eine gewisse Menge von Rubinen und von Lack; von letzterem kostet ein Bahar vier Cruzados. Die Entfernung von Calicut ist bei günstigem Wind in fünfzig Tagen zurückzulegen.

## *Wie man in diesen Ländern mit Elefanten in den Krieg zieht*

Man zimmert sich ein kleines Häuschen aus Holz, in dem vier Leute Platz haben, und befestigt dieses Häuschen – mitsamt den vier genannten Männern im Innern – auf dem Rücken eines Elefanten. An jedem Stoßzahn des Elefanten sind überdies noch jeweils fünf blanke Säbel angebracht, so daß die beiden Stoßzähne insgesamt mit zehn Säbeln bewaffnet sind. Die Elefanten erhalten dadurch eine so fürchterliche Wirkung, daß niemand es wagt, ihnen entgegenzutreten, solange noch eine Möglichkeit zur Flucht besteht. Alle Befehle, die die Männer auf dem Rücken der Elefanten diesen geben, werden auf das genaueste ausgeführt, als wären die Elefanten vernunftbegabte Kreaturen. Wenn sie ihnen sagen: »Töte diesen« oder »Tu jenes«, tun sie es sogleich.

## *Wie man wilde Elefanten fängt*

Wenn man einen wilden Elefanten fangen will, benützt man dazu ein gezähmtes Elefantenweibchen. Man zieht einen sehr tiefen Graben an einem Platz, der von den Elefanten häufig besucht wird. Die Grabenöffnung bedeckt man mit Reisig, und man sagt diesem Weibchen: »Mach dich auf den Weg, und wenn du einen Elefanten findest, locke ihn auf eine Art und Weise zu diesem Graben, daß er hineinfällt, hüte dich aber davor, selbst hineinzufallen.« Daraufhin läuft das Weibchen los und tut, wie man ihm geheißen hat, das heißt, wenn es einen Elefanten findet, lockt es ihn so zu dem Graben hin, daß er zwangsläufig hineinfällt, und da der Graben recht tief ist, kann er ohne fremde Hilfe nicht mehr herauskommen.

## *Wie man es anstellt, den Elefanten aus dem Graben zu bringen und ihn zu zähmen*

Ist der Elefant einmal auf dem Grund des Grabens gelandet, läßt man fünf bis sechs Tage verstreichen, bevor man ihm irgend etwas zu fressen gibt. Nach

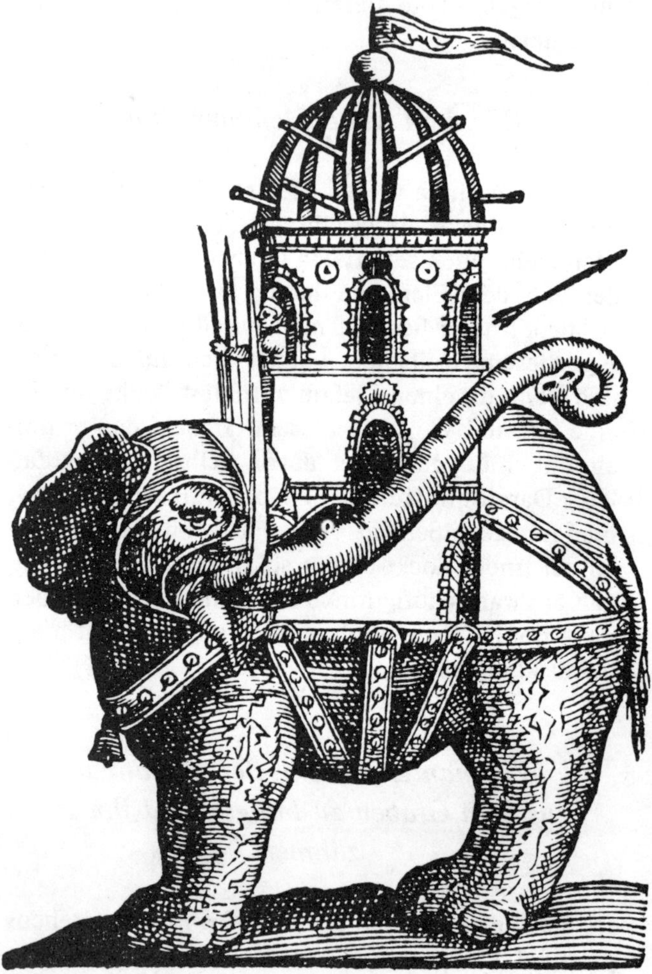

Wie man mit Elefanten in den Krieg zieht

dieser Zeit bringt ihm ein Mann eine sehr kleine Menge von Nahrung, und jeden Tag bringt er ihm ein wenig mehr, bis er von selber kommt, wenn er ihm das Fressen bringt; dies dauert ungefähr einen Monat, und während dieser Zeit gelingt es denen, die dem Elefanten die Nahrung bringen, die Tiere so weit zu zähmen, daß sie schließlich in den Graben hinabsteigen können. Dies wiederholt sich dann während einiger Tage, bis sie sich dem Elefanten nähern und die Hände auf die Stoßzähne legen können. Dann steigt ein anderer auf den Grund des Grabens und fesselt die Beine des Elefanten mit dicken Ketten. In diesem Zustand werden die Tiere so fügsam und lernen so viel, daß es ihnen schließlich nur noch an der Gabe des Sprechens fehlt, um als vernünftige Wesen zu gelten. Man hält die Elefanten in Stallungen wie bei uns die Pferde. Ein gut dressierter Elefant ist dort zweitausend Cruzados wert.

Verkaufspreise von Gewürzen in Alexandria:

| | |
|---|---|
| ein Quintal Zimt | 25 Cruzados |
| ein Quintal Gewürznelken | 20 Cruzados |
| ein Quintal Pfeffer | 15 Cruzados |
| ein Quintal Ingwer | 11 Cruzados |
| (In Calicut kostet ein Bahar, d. h. fünf Quintal 20 Cruzados!) | |
| ein Quintal Muskatnüsse | 16 Cruzados |
| ein Quintal Lack | 25 Cruzados |
| ein Quintal Brasilholz | 10 Cruzados |
| ein Pfund Rhabarber | 12 Cruzados |
| ein Metcal Moschus | 1 Cruzado |
| ein Pfund Aloe | 2 Cruzados |

| | |
|---|---|
| ein Pfund Benzoe | 1 Cruzado |
| ein Quintal Weihrauch | 2 Cruzados |

(In Mekka, wo der Weihrauch herkommt, kostet ein Bahar 2 Cruzados!)

# Die zweite Indienfahrt Vasco da Gamas

Die Flotte, die der König von Portugal im Jahre des Herrn 1502 nach Indien sandte und deren Befehlshaber Vasco da Gama war, fuhr am 10. Februar dieser Zeitrechnung von Lissabon ab. An einem Dienstag, dem 15. des genannten Monats, kamen wir in Sicht der Inseln der Madeira-Gruppe. Montag, den 28. Februar, sichteten wir das Grüne Vorgebirge und ankerten bei der Palmeninsel. An einem Dienstag, dem 1. März, sichteten wir die genannte Insel, und nach dem Tag ankerten wir vor Besegue. Sonntag, den 6., fuhren wir ab und befanden uns auf dem Weg nach Indien. Montag, den 11. April, fanden wir, daß der neue Mast anderthalb Klafter unterhalb des Mastkorbes abgebrochen war. Freitag nachts am 22. April fuhr uns die *Bate cabello* an, wir stießen zusammen, eine halbe Stunde lang konnten wir uns nicht befreien. Durch Gottes Gnade kamen wir voneinander los, ohne irgendeinen Schaden zu erleiden. Montag, den 25. Mai, kam Land in Sicht, es war in der Nähe von Santa Luzia. Freitag, den 3. Juli, fuhren jene Schiffe ab, die Waren für Sofala geladen hatten; an diesem Tag verabschiedeten sich von der Flotte die Schiffe, welche der Küste entlang fahren sollten, und fuhren ab.

Freitag, den 10. Juni, ankerten wir bei der Hafeneinfahrt von Sofala, zweieinhalb Meilen vom Ort entfernt. Als wir ankamen, wurde befohlen, die Boote auszusetzen; der Admiral befahl, alle Kapitäne zu rufen, und sie hörten seinen Beschluß, daß

Ansicht von Sofala

sie Samstag früh in ihren Booten wohl bewaffnet nach Sofala fahren sollten; die Bemannung sollte sich ebenfalls wohl bewaffnen, aber ihre Waffen verborgen halten, damit es nicht so aussehe, als ob sie Krieg führten. Dieser Beschluß wurde gefaßt. Samstag früh, am 11. des Monats, fuhr jeder Kapitän in seinem Boot mit seinen Leuten fort, die bewaffnet waren, wie es ihm der Admiral befohlen hatte, und so kamen sie vor Sofala bis auf die Weite eines Steinwurfs an. Das Ufer war voll von Menschen, und weil sie sehr nahe vom Ufer verankert waren, bemerkten sie, daß von jenen fünfzehn oder zwanzig Mann ein kleines Boot, das am Ufer lag, ins Meer warfen. Fünf oder sechs Mauren stiegen ein und kamen zum Schiff des Admirals; inzwischen wandte sich Rodrigo Reynell an sie und sagte zu ihnen, es sei da eine Botschaft des Admirals von Portugal, der sich auf diesen Schiffen aufhalte. Sie gingen mit dieser Botschaft zum König, und als sie ankamen, teilten sie es dem König mit, und er sagte, er komme gerade zur rechten Zeit und könne, wenn er wolle, ihm die Botschaft übergeben, die er, wie er sage, mitbringe. Inzwischen brachten sie ihm ein Geschenk, bestehend aus Feigen, Kokosnüssen und Zuckerrohr. Nun verlangte der Admiral von ihnen Geiseln, weil er durch zwei seiner Leute dem König Botschaft zu schicken wünsche. Sie waren damit zufrieden, und es begaben sich zwei vornehme Mauren auf das Schiff des Admirals. Währenddessen befanden sich Rodrigo Reynell und Manuel Serão beim König. Sie blieben ungefähr eine Stunde dort, und dann kamen sie mit der Antwort des Königs und der Gesandtschaft des Admirals. Die Antwort des Königs erfuhr ich nicht, und deshalb zeichne ich sie nicht auf. Daraufhin fuhren wir in Richtung der Schiffe ab mit dem Beschluß, am Montag einzufahren. Sonntag morgens, den 12. des Monats, befahl der Admiral den Schiffen einzufahren, ohne an der Barre anzulegen. Montag, den 13., lief der Admiral mit drei Schiffen ein und ankerte nahe beim Ort. An diesem Tag ließ der König dem Admiral sagen, er freue sich sehr über seine Ankunft und schicke ihm eine Kuh und viele Feigen und Kokosnüsse. Mittwoch, den 15. des Monats, begannen sie sich in Sofala loszukaufen, und dort blieben wir von diesem oben erwähnten Tage an bis Sonntag, den 26. des Monats; denn an diesem Tag fuhr der Admiral aus dem Hafen, und im Ausfahren rammte er das Schiff des Johann da Fomsequa und beschädigte es. Man konnte es nicht flott machen, und sie legten Feuer (an das Schiff) und verbrannten es.

Dienstag, den 28. des Monats, machten wir uns auf den Weg nach Moçambique. Denn die anderen Schiffe hatten dort zu bleiben und auf uns zu warten. Wir brauchten sieben Tage für den Weg und kamen Montag, den 4. Juli, an. Dort fanden wir die Flotte, die von uns getrennt worden war, und fanden auch zwei der Schiffe vor, die sich am Kap der Guten Hoffnung verloren hatten, das waren die Karavelle und das Schiff des Fernam Lourenço, und hier blieben wir, von diesem Tag, den ich schon angegeben habe, bis Freitag, den 8. Juli. Samstag, den 9., fuhren wir von Moçambique nach Quiloa. Wir hielten uns immer an der Küste und brauchten für den Weg die Zeit vom angegebenen Tag bis Dienstag, den 12. Juli.

An diesem Tag warfen wir nahe der Stadt Anker.

Beim Einfahren befahl der Admiral Geschütze abzufeuern, und so geschah es. Als wir das Feuer eingestellt hatten, kam ein Wachtposten, den P. Álvares Cabral dort gelassen hatte. Er wurde gefragt, ob er irgendeine Botschaft vom König bringe. Er sagte nein, er werde nur die Erlaubnis erwirken, daß die Schiffe einfahren dürfen, bringe aber keine Botschaft. Dieser Wachtposten brachte dem Admiral einen Brief, den João da Nova dort gelassen hatte, als er nach Portugal fuhr, und worin er mitteilte, er habe in Cananor Ladung eingenommen, während sich der König von Calicut gegen ihn gerüstet hätte. Und er erzählte da noch andere Dinge, die ich hier nicht schildere, weil sie mir nicht notwendig scheinen. Er beklagte sich sehr über diesen König von Quiloa, weil er bei ihm noch kein gutes Verhalten gefunden habe; vielmehr habe dieser versucht, ihm Menschen und Land zu nehmen. Während sich dies zutrug, kehrte der Christ ans Land zurück mit einer Botschaft des Admirals für den König, worin er ihm sagen ließ, er sei ein Admiral des Königs von Portugal und habe vom König, seinem Herrn, den Auftrag, Frieden mit ihm zu machen und mit seinen Kaufleuten viele Geschäfte abzuschließen; deshalb sei er hierher gekommen, um es ihm mitzuteilen. Als der König diese Botschaft erhalten hatte, stellte er sich sofort krank; und mit vielen Umständen von Botschaften, die mit den Absichten des Admirals nichts zu tun hatten, fuhr er fort, bis der Admiral seinen Entschluß zu kennen verlangte, ob der König sich mit ihm gut stellen wolle.

Donnerstag, den 13., befahl er, die Schiffe in Schlachtordnung aufzustellen; sie sollten so nahe an die Stadt kommen, als sie konnten, und sollten alle ihre Geschütze instand setzen. Und er befahl allen Kapitänen, auf sein Schiff zu kommen. Unter diesen erhob sich ein Streit, währenddessen er die ganze Vergangenheit darlegte, wie dieser König sich schon gegen Pedro Álvares schlecht benommen habe und auch als er mit João da Nova zusammengetroffen war. Und jetzt tue er dasselbe mit ihm, und wenn er nicht mit ihm zusammenkommen wolle, so möge jeder zu diesem Fall seine Meinung sagen. So geschah es. Endlich kam man überein, daß sich die Schiffe Donnerstag rüsten sollten und ihre Kapitäne mit den Leuten, die sie gut bewaffnen könnten, sich vor das Haus des Königs begeben und ihm sagen lassen sollten, er möge jetzt kommen, um den Admiral zu sehen und das zu tun, was dieser auf Befehl des Königs, unseres Herrn, fordere. Wenn nicht, so werde er gegen ihn Krieg führen sowohl mit den kleinen wie auch den großen Schiffen.

Am anderen Tag früh morgens begaben sich der Admiral und alle Kapitäne der Flotte – jeder in seinem Boot, gut bewaffnet, sowohl er als die ganze Bemannung – zu den Hauptleuten des Königs und teilten ihnen die oben geschilderte Botschaft mit. Und sofort kamen drei vornehme Mauren zu den Schiffen und sagten, der König freue sich zu kommen, und man möge ihm die Sicherheit geben, daß er ungestört gehen und wiederkehren könne. Der Admiral ließ ihm sagen, daß er ihm freien Hin- und Rückweg zusichere. Nun möge er ohne Zögern kommen; wenn nicht, so würde er tun, was er müsse. Sie gingen mit diesem Auftrag, und sofort kehrte ein Maure zurück und sagte, der König werde sogleich kommen. Eine halbe Stunde später kam der König und mit ihm viele Leute. Als sie erschienen, nahmen ihn Männer auf die Schultern und brachten ihn in das Boot und ließen ihn nachher los. Als sie im Schiffe saßen, sagte der Admiral, er bringe ihm einen Brief des Königs, seines Herrn; den Brief zeigte er ihm auch sofort, aber weil die Zeit so kurz sei, so werde er ihm den Inhalt des Briefes mitteilen: Wenn er Freundschaft mit dem König, seinem Herrn, haben wolle, müsse er sich mit zweitausend Metikal loskaufen und ihm die Waren geben, die er wünsche, und zwar zum Preise des Landes; auch müsse er ihm jedes Jahr als Tribut zehn Perlen für die Königin liefern; wenn er zustimme, so wäre ihm die Freundschaft des Königs, unseres Herrn, ganz gewiß, wenn aber nicht, so möge er sich rüsten, weil er viel Krieg werde führen müssen. Darauf antwortete er, sie hätten nicht soviel Geld, sie würden sich jedoch loskaufen, soweit sie könnten. Und der Admiral sagte ihm, er solle die Worte nicht so genau nehmen; und schließlich kamen sie überein, zufrieden zu sein, wenn sie jährlich tausendfünfhundert Metikal Tribut zahlen würden. Und sie waren damit zufrieden und stellten also drei vornehme Mauren als Geiseln. Samstag schickte der Admiral zwei Boote zum König, damit jene kommen könnten, die das Geld bringen sollten; und sie kamen tatsächlich. Es erschienen zwei vornehme Mauren, und zwar in ihrer eigenen Sambuke; sie hatten zwei Fahnen als Wahrzeichen, und so kamen sie zum Schiff des Admirals und überreichten das mitgebrachte Geld, dieses Mal nur tausend Metikal, mit den Worten, sie würden am nächsten Tag das übrige bringen. Nachdem der Admiral das Geld bekommen hatte, schickte er einen von den Geiseln mit jenen, die das Geld gebracht hatten, zurück und gab ihm einen Mantel und schickte durch ihn dem König vierzehn Ellen dunkelroten Samt für einen anderen Mantel. Sonntag, den 17. des genannten Monats, kamen dieselben Gesandten, die vorher erschienen waren, und brachten die fünfhundert Metikal, die gefehlt hatten.

Freitag, den 22. Juli, verließen die Schiffe den Hafen von Quiloa; weil aber nicht alle während einer Flut und Ebbe ausfahren konnten, fuhren an diesem Tage acht von ihnen aus, und an demselben Tag kam die *Froll dello Mar** mit den anderen Schiffen von Portugal. Sonntag, den 24. Juli, beendeten die Schiffe ihre Ausfahrt aus dem Hafen von Quiloa, und an demselben Tage brachen wir nach Melinde auf. Hier legten wir nicht an, sondern ankerten fünf Léguas weiter in einer Bucht, und Freitag, den 29., machten wir uns auf den Weg nach Angediva.

Freitag, den 12. August, sahen wir auf der anderen Seite Land und landeten bei einer steilen Gegend, die von Angediva wohl fünfzig oder sechzig Léguas entfernt war. Montag, den 15. des genannten Monats, brachen wir in der Richtung nach Angediva auf. Dienstag, den 16. früh, erschien die *Esmeralda* mit in der Mitte abgebrochenem Mast. Samstag, den 20. August, landeten wir bei der Insel Angediva. Sonntag, den 21., kam das Schiff des Ruy Mendes in Angediva an, das sich beim Kap der Guten Hoffnung aus der Begleitung der *Froll dello Mar* verloren hatte.

Sonntag, den 28. August, fuhren wir von Angediva in der Richtung nach Cananor ab, und Don-

* Kapitän der *Froll dello Mar* war Estevão da Gama.

nerstag, den 8. September, ankerten wir beim Berge Ely, und hier kam *Agellyo*, die sich auch verloren hatte und schon von Cananor kam. Während der Tage, die wir hier beim Berge Ely zubrachten, befahl der Admiral, daß immer Schiffe von uns dieses Meer befahren sollten, um die von Mekka zu vernichten. Mittwoch kamen Nachrichten zum Admiral, daß der König von Calicut gegen uns rüste; es war eine Lüge. Als unsere Schiffe die von Mekka beobachteten, traf das Schiff des Fernam Lourenço ein Schiff der Jugallos, welches vier Masten und dreihundert bis vierhundert Tonnen hatte. Es wurde von ihnen beschossen und flüchtete schließlich, weil sie das Schiff nicht aufhalten konnten, da es sehr groß war und nicht genug Leute da waren. Und nachdem das geschehen war, erhielt der Admiral Nachrichten, daß Mekkaschiffe kämen, und inzwischen stachen wir mit der Flotte in See, und als wir zwei Tage im September gefahren waren, sichtete das Schiff *S. Gabriel* ein Schiff, fuhr hin und überfiel es. Und das Schiff war von Mekka und führte zweihundert Seelen. Und sie schätzten das, was sie darin erbeuteten, auf fünfundzwanzigtausend Cruzados. Und als sie das gesamte Geld mit allem, was sie besaßen, ausgeliefert hatten, verbrannten und erschlugen sie alle, so daß nur siebzehn kleine Knaben übrig blieben, die sie bekehrten. Und hier fuhren wir einige Tage.

Am Donnerstag, dem 13. Oktober, legten wir in Cananor an; ehe wir noch in Cananor ankamen, traf das Schiff des Luis Fernandes ein, das uns beim Kap der Guten Hoffnung verlorengegangen war. Bei unserer Ankunft in Cananor kamen drei oder vier Edelleute, um den Admiral zu sehen, und machten ihm große Angebote von seiten ihres Königs und sagten ihm, der König und sie alle ständen dem König von Portugal zu Diensten, und sie machten noch viele andere Versprechungen. Am 19. Oktober traf sich der König von Cananor mit dem Admiral. Das geschah auf diese Art: Der Admiral fuhr von den Schiffen in einer Karavelle weg, mit ihm alle Kapitäne, jeder in seinem Boot. Es waren an Booten und Schiffen sechsundzwanzig, und es fuhr auch eine andere Karavelle. Der König kam auf einer Sänfte mit viel Volk und begab sich in ein Haus, welches am Ufer in verschiedener Machart errichtet worden war. Von da kam er zu einer Landungsbrücke, die am Ufer errichtet war und ein Stück in die Bucht hineinragte. Am Ende stand ein Schaugerüst, auf dem sich der König niederließ. Als er hinkam, rief er den Admiral, der ferne in der Karavelle stand. Inzwischen kam der Admiral heran und begab sich nahe zum Schaugerüst, auf dem der König war. Und dort sprachen sie viel, und während des Gesprächs überreichten sie sich Geschenke. Der König gab dem Admiral seine kostbaren Ringe und drei schöne Gewänder und den Kapitänen jedem einen kostbaren Stoff. Der Admiral gab dem König einen Turban, einen Wassertopf und ein Salzfaß, Rosenwasser und Safran. Nachdem dies geschehen war, gingen sie fort, und jeder begab sich in sein Haus. Und während der König fortging, befahl der Admiral alle Geschütze abzufeuern, und endlich kehrte er auf das Schiff zurück. Hier hatte der Admiral mit dem König eine Meinungsverschiedenheit bezüglich der Warenladung. Auch der König von Cananor ließ ihm sagen, er wolle ihm Waren geben gemäß dem Übereinkommen mit dem König, unserem Herrn, und wünsche, mit ihm in Frieden zu leben.

Und wegen dieser Dinge fuhr der Admiral in der Richtung nach Calicut ab, und am 29. Oktober kamen wir in Calicut an. Bei unserer Ankunft erhielt der Admiral eine Botschaft, die nicht so war, wie er erwartet hatte. Und Sonntag früh befahl er sechs Schiffen, so nahe wie möglich zur Stadt zu fahren, um, wenn der König nicht tun wolle, was Recht wäre, ihm allen möglichen Schaden zuzufügen. Und so war's Sonntag den ganzen Tag und blieb so bis Montag. Montag wartete der Admiral bis Mittag, denn so hatte er es dem König sagen lassen. Und als der Admiral in dieser Stunde sah, daß vom König keine Botschaft kam, nahm er zweiunddreißig Mauren, die er in einer Sambuke gefangen genommen hatte, und befahl, sie auf den Schiffen aufzuhängen, damit man sie von der Stadt sehen könne. Als sie aufgehängt waren, wurden Geschütze abgefeuert, und wir sahen Häuser und Palmen einstürzen. Am Nachmittag befahl der Admiral, alle Mauren herunterzunehmen und ihnen die Köpfe, Hände und Füße abzuschneiden und alles mit Ausnahme der Körper, die sie in das Meer warfen, mit einem Brief in ein kleines Boot zu legen. Er ließ das Boot an das Ufer laufen, und als es ans Ufer kam, kamen viele Mauren hin und nahmen den Brief. Und danach schoß er neuerdings bis in die Nacht und am nächsten Tag bis Mittag. Zu dieser Zeit fuhren die Schiffe aus der Nähe der Stadt ab und ankerten wieder dort, wo sie früher gelegen hatten. Donnerstag, den 3. November, fuhr der Admiral in der Richtung nach Cochin mit einigen Schiffen ab. Vor Calicut blieb Vicente Sodré mit den Schiffen

Der königliche Abgesandte

zurück, die mit ihm zu bleiben hatten, um der Küste entlang zu fahren und jeden möglichen Schaden zu bereiten.

Am Montag, den 7. November, ankerten wir vor Cochin, wo sofort Lourenço Nioreno und Gregorio Gill zu den Schiffen kamen, und mit ihnen erschienen sehr vornehme Männer. Sie kamen mit einer Botschaft des Königs an den Admiral. Er freue sich über sein Kommen und habe vieles, was er erwarte. Donnerstag, den 10. November, begann man Waren auf die Schiffe zu bringen, und das Schiff *San Antonio* bekam sie, weil es hieß, daß der Admiral es sofort nach Portugal senden müsse, mit einer Botschaft an den König. Montag, den 14. November, begab sich der Admiral in eine Karavelle und mit ihm alle Kapitäne, die sich bei ihm befanden, jeder in sein Boot, mit vielen Fahnen und sehr frohgestimmt, weil sie in der Erwartung gingen, daß der König mit dem Admiral an diesem Tage endlich den Vertrag abschließen und beide sich sehen würden. Und der Admiral begab sich, begleitet, wie ich gesagt habe, zur Mündung des Flusses Delle, und dorthin kam der König und mit ihm der Prinz. Mit ihm kam soviel Volk, daß man sie zusammen mit seiner Begleitung und jenen, die am Ufer standen, auf zehntausend Menschen schätzte. Und er kam in seiner Sänfte, wie alle es zu tun pflegen, mit seinen Baldachinen und Fächern, vor sich zwei Männer als Träger mit zwei Silberstäben, die das Volk fortdrängten; vor diesen zwei Trompetenbläser und andere Diener, die ebenfalls musizierten. Und als er unmittelbar vor die Karavelle des Admirals kam, schossen sie vom Lande einige Schüsse ab. Als das geschehen war, ertönten die Trompeten des Admirals, und es begannen die Geschütze sowohl von der Karavelle als auch von den Booten zu feuern. Und als das beendet war, brachte man die Botschaft des Königs zum Admiral und die des Admirals zum König. Und als der König gerade im Begriff war, die Karavelle zu besteigen, kam ein großes Gewitter mit starkem Sturm und außerdem so starkem Regen, daß es bis 3 Uhr in der Nacht dauerte; und während man wartete, daß der Regen aufhöre, sichteten sie von der Karavelle drei Schiffe, die direkt auf die Unsrigen zukamen, und da es spät war und der Admiral die Schiffe gleichfalls sah, nahm er Abschied und fuhr ab. Die gesichteten Schiffe blieben bis zum nächsten Tag. Der Admiral begab sich zu den Schiffen, und der König blieb zurück. Die vorher erwähnten Schiffe waren von den Unsrigen, die in Calicut geblieben waren; sie brachten einen Gesandten des Königs von Cananor mit. In dieser Botschaft ließ der König dem Admiral sagen, er selbst könne laden oder den Auftrag dazu geben.

Mittwoch, den 16. des Monats, begab sich der Admiral ein zweites Mal nach Cochin, in der Weise, wie ich es früher gesagt habe. Wir fuhren auf dem Fluß ein Stück hinauf, wo wir den König mit viel Volk wartend antrafen. Und der Admiral ließ sehr nahe bei der Stelle anlegen, wo sich der König befand, in der Mitte seiner Sambuken. Sofort kam die Karavelle des Admirals, und ohne Schwierigkeit fuhr er dazwischen hinein; dort blieb er lange Zeit, über viele Dinge sprechend, welche die abzuschließenden Verträge betrafen. Endlich einigten sie sich in der Weise, wie es der Admiral wünschte. Der Admiral schenkte ihm eine Dose, in der hundert Goldcruzados waren, und ein großes Wasserbecken für die Hände und einen Packsattel und anderes Silber und einen aus Samt und einen königlichen Armstuhl und zwei weitere reichgestickte Kissen und andere Dinge, die wohl fünfhundert Cruzados wert waren. Und als man sich geeinigt und der König seine Dose bekommen hatte, verabschiedete er sich vom Admiral und begab sich auf seinen Sambuken auf dem Fluß aufwärts zur Stadt, weil diese etwas im Inneren lag. Und der Admiral fuhr in der Karavelle, und ebenso fuhren die Boote auf dem Fluß bis vor die Häuser, wohin sich der König begab. Und hier feuerten sie Schüsse ab, feierten ein Fest und zeigten ein großes Gepränge. Und hier in der Nähe der Häuser des Königs befanden sich einundzwanzig große Schiffe; einige lagen auf der Werft, und einige waren schon vom Stapel gelassen, und als dies alles vorüber war, kamen wir zu den Schiffen.

Samstag, den 19. des Monats, kam Vicente Sodré mit den Schiffen, die mit ihm in Calicut geblieben waren, nach Cochin. Und Sonntag fuhr der Admiral mit allen Booten und Kapitänen seiner Schiffe los. Und er fuhr den Fluß bei Cochin hinauf bis zum Ende des Ortes, guter Dinge und Salutschüsse abgebend. Und der König kam, um sie zu sehen, und begab sich unter ein Schutzdach, wo er nahe bei seinen Häusern war, und blieb dort, bis sie von den Schiffen fortfuhren; da zog er sich zurück. Freitag, den 27. November, fuhr Vicente Sodré nach Cananor ab, um die *S. Gabriel* und zwei andere Schiffe des Königs zu laden; und mit ihm fuhren die Schiffe, die mit ihm dort bleiben sollten. Dienstag, den 13. Dezember, kam die Karavelle, auf der sich der Admiral befand, aus Cananor an mit der Nachricht, Vicente Sodré lade in Cananor, und er habe dort im Meer drei große Schiffe gekapert, die mit Reis beladen waren; man biete ihm für eines dreitausend Cruzados, und die ganze Besatzung und was darauf sei kaufe sich los.

Dann am Mittwoch, den 14., befand sich der Admiral in Cochin, wo er sich wegen einiger Dinge mit dem König entzweite, und er befahl den Faktoren, den Schreibern und den Leuten, die sich am Lande aufhielten, auf die Schiffe zu kommen. Donnerstag, den 15., fuhr die Karavelle ein zweites Mal nach Cananor. Die Botschaft, die sie brachte, wurde nicht bekannt, und deshalb unterlasse ich es, sie aufzuschreiben.

Freitag, den 16. Dezember, kamen Männer aus Colon auf das Schiff des Admirals, die sich verpflichteten, ihm fünf Bahar Spezereien zu geben. Sonntag, den 18. Dezember, kehrte der Admiral zurück, um den Vertrag, den er vereinbart hatte, zu unterzeichnen. Montag, den 19., beschloß der Admiral, zwei Schiffe mit den vorhin erwähnten Christen nach Colon zu schicken, um dort zu laden. Und als wir im Dezember zwei Tage gefahren waren und vor Cochin lagen, löste sich eines Nachts um Mitternacht das Schiff *San Antonio* los. Und die vom Schiff schliefen so fest, daß sie es erst merkten, als das Schiff sich der Küste näherte; und als sie es entsetzt bemerkten, strandete das Schiff. Inzwischen feuerten sie zwei Schüsse ab, und alle Boote kamen hin, und sie konnten es nicht fortziehen. Und es blieb dort die ganze Nacht und den Tag, erst in der nächsten Nacht zogen sie es fort. Und es hatte einen Mast gebrochen und leckte stark, und trotzdem nahmen sie es und setzten es instand. Am

Colon

coullam

2. Tag des Januar kam die Karavelle aus Colon und brachte die Nachricht, daß das dort liegende Schiff sehr gut lade; und der Admiral schickte sofort die *Leitoa nova* dorthin, um zu laden.

Am erwähnten Tag kamen zwei Adelige aus Calicut mit der Botschaft des Königs zum Admiral, er wünsche mit ihm Frieden und Freundschaft zu halten, zum Beweis schicke er das Geld, das in Calicut dem König genommen worden sei, weil er alles übergeben wolle. Als der Admiral diese Botschaft erhalten hatte, entschloß er sich, sofort am Dienstag die *Froll dello Mar* abfahren zu lassen, deren Kapitän sein Neffe Estevão da Gama war, um festzustellen, ob der König das, was er ihm sagen lasse, erfüllen wolle. Und er fuhr in ihr und kam vor Calicut am Samstag an und sandte sofort einige der Leute, die die Botschaft und Gesandtschaft brachten, mit Botschaft zum König. Und die Gesandtschaft ging und kam, indem sie sagte, er habe alles bereit, er möge Leute an Land schicken, die es übernehmen könnten. Der Admiral sagte, er brauche nicht ans Land zu schicken; sie müßten, wenn sie mit ihm sich einigen wollten, das, was sie zu geben hätten, auf das Schiff bringen. Und sie begaben sich mit dieser Nachricht ans Land, mit dem festen Versprechen, am Sonntag mit dem Gelde zu kommen. Und der Sonntag ging vorüber, und der Admiral erhielt keine Nachricht. Montag während der Hundewache sahen jene, die das Schiff bewachten, einige kleine Boote ausfahren und glaubten, daß sie fischen gingen. Und binnen kurzer Zeit sahen sie die Boote zum Schiff kommen; und schließlich waren es sechzig oder achtzig kleine Boote, welche begannen, das Schiff mit Feuerwaffen und Pfeilen zu beschießen.

Sie holten eine große Sambuke herbei, füllten sie mit Holz und zwei Pulverfässern und nahmen sie ins Schlepptau und versuchten Feuer an das Schiff zu legen. Als der Admiral dies bemerkte, befahl er die Ankertaue zu durchschneiden, ging unter Segel und begann vom Schiff aus zu feuern, und sie zogen sich zurück. Hierauf hatte der Admiral elf Verwundete und kam zur rechten Zeit davon und kam Mittwoch nachts am 11. Januar vor Cochin an. Danach geschahen einige Dinge, die ich nicht beschreiben will, weil es mir nicht notwendig erscheint. Die Schiffe, die nach Colon gefahren waren, kamen sehr gut geladen zurück; jene, die in Cananor gewesen waren, kamen mit der halben Ladung, um in Cochin weiter zu laden, weil es schien, daß sie in Cananor nicht laden konnten. Und als alle Schiffe geladen waren, auch jene, die aus Colon gekommen waren, erhielt der Admiral die sichere Nachricht, daß Calicut fünfundfünfzig Segler ausrüste, und da der Admiral dies für gewiß hielt, befahl er, die Schiffe sollten sich bereithalten.

Und dies war am 6. Februar. Noch am selben Tag begab sich der Admiral mit allen Kapitänen der Flotte nach Cochin, um mit dem König die Verträge abzuschließen, die zur Errichtung der Faktorei nötig waren. Er kam vor den Ort und befahl allen Booten, sich in der Entfernung aufzustellen; sein Schiff näherte sich mehr dem Land. Und als es so lag, kam der König, begab sich auf das Boot des Admirals, wo sie viele Dinge bezüglich ihrer Verträge besprachen, und der König tat alles, was der Admiral von ihm forderte. Dort gab der König die Gerichtsbarkeit über alle Leute, die im Land blieben, dem Diego Fernandes und erklärte, daß er mit denen des Königs, unseres Herrn, nichts zu tun haben wolle, als sie zu schützen. Und ebenso gab er ihm die Gerichtsbarkeit über jeden Ungläubigen oder Inder, der Christ würde. Und ebenso versprach er ihm, wenn ein Christ Maure werden wolle, werde er ihn dem genannten Faktor überantworten, damit er gegen ihn gesetzlich vorgehe. Und als diese vielen Dinge erledigt waren, kam der Admiral zu den Schiffen, und der König zog sich in seine Häuser zurück.

Dann am Mittwoch in der Früh, am 8. Tag des Monats, kehrte der Admiral mit allen Kapitänen nach Cochin zurück, und der König schrieb Briefe für den König von Portugal, stellte Geiseln und machte große Versprechungen hinsichtlich dessen, was der Admiral von ihm forderte. Somit verabschiedete sich der Admiral vom König und vom ganzen Volk mit dem Entschluß, am Morgen fortzufahren.

Freitag, den 10. Februar, verließ der Admiral den Hafen von Cochin in der Richtung nach Cananor, um durch das genannte Meer den Weg nach Portugal zu nehmen. Samstag abend ankerten wir in Sicht von Calicut; es dürfte drei oder vier Léguas von der Stadt entfernt gewesen sein.

Und Sonntag, den 12., in der Morgendämmerung kamen viele Segel in Sicht, von denen der Admiral schon Kenntnis hatte. Diese Segelschiffe kamen auf der Suche nach uns direkt auf uns zu und wir auf sie. Der Wind war sehr schwach, und als wir nahe an sie herankamen, legte er sich gänzlich. Wir hatten schon gesehen, daß es im ganzen sechsunddreißig große Schiffe und kleine Sambuken mit vielen Rudern waren. Inzwischen begannen unsere Boote die Schiffe ins Schlepptau zu nehmen, weil große Windstille herrschte. Und als wir schon so nahe bei ihnen waren, daß sich einige Schiffe in Schußweite befanden, begann der Wind zu wehen; doch war er so schwach, daß wir uns nicht erholen konnten. Als sie den Entschluß der Flotte sahen, begannen sie in der Richtung des Festlandes zu flüchten, und sie gewannen uns so den Wind ab, daß wir ihnen keinen Schaden zufügten, wie wir gehofft hatten. Nur die Karavellen holten ein bis zwei Schiffe ein und töteten dort viele Leute und verursachten viel Schaden. Die *Esmeralda*, deren Kapitän Vicente Sodré ist, stieß auf zwei von ihnen und tötete dort viele Leute, und ebensoviele stürzten sich ins Meer, und schließlich eroberte sie beide, ohne daß ihre Besatzung Schaden genommen hatte, nur drei Männer waren leicht verletzt worden. Man sagte, es befänden sich auf der Flotte von Calicut ungefähr sechzehntausend Mann, von denen unsere Flotte neunhundert bis tausend tötete, und dies erfuhr man in Cananor als sichere Nachricht. An diesem Tage ankerten wir vor Calicut, und am selben Tag befahl der Admiral, jene beiden Schiffe, die so erobert worden waren, zu verbrennen. Und Montag, den 13., fuhren wir in der Richtung nach Cananor ab, und bei der Abfahrt stieß das Schiff *Lionarda* auf ein Riff, stieß viermal darauf, blieb trotzdem heil und fuhr schließlich ohne jede Schwierigkeit ab. Mittwoch, den 15. Februar, ankerten wir vor Cananor. Wir wurden mit viel Freude und großen Ehren empfangen. Hier blieben wir bis Mittwoch, den 22. des Monats, und nahmen Ingwer, Wasser, Fische, Reis und einige andere notwendige Dinge an Bord.

An diesem angegebenen Tag fuhren wir in der Richtung nach Portugal ab mit dem Entschluß, Moçambique anzulaufen, um Wasser zu nehmen. Hier in Cananor ließ der Admiral Gregorio Gill als Faktor zurück; er ließ auch in Cochin einen Vertrag und eine Faktorei zurück. Freitag, den 24., passierten wir in der Früh eine große Insel, und sie blieb nordwärts von uns. Samstag, den 25., kamen um 10 Uhr im Norden zwei Inseln in Sicht. Dienstag, den 28., herrschte in der Morgendämmerung große Windstille; wir befanden uns in der Nähe zweier großer Inseln, die zueinander von Nordwest nach Südost lagen und sich etwas nach Norden erstreckten. Auf der Südseite war eine Küste, wo sich ein sehr hohes Gebirge erhob, es werden insgesamt neun bis zehn Léguas sein. Auf der Südostseite war sie (die Küste) an einigen Stellen hoch, an anderen hatte sie große Täler, auf der Südostseite hatte sie einen sehr steilen Gipfel; es ist eine sehr schöne Insel und scheint einen Umfang von fünfzehn oder zwanzig Léguas zu haben. Montag, den 10. April, loteten während der Morgenwache zwei kleine Schiffe, die vor uns fuhren; sie fanden Grund und gaben Schüsse ab. Inzwischen kreuzten wir, bis es Tag war und wir uns nahe dem Festland befanden. Und wir waren in der Nähe von Moçambique auf zwölf Léguas. Und das Festland war ein niedriges Land und mit Bäumen bedeckt. Das Ufer entlang zeichnet sich eine Art Hochebene ab und über der Hochebene sieben oder acht steile Berge, die einen größer als die anderen, und zwei bilden einen Einschnitt. Gegen Nordwest ist ein steiler Berg, größer als alle anderen, der einen Gipfel hat. Hier waren die Winde so, um dorthin zu fahren, woher wir kamen, und wir wendeten gegen das Meer und lavierten bald gegen das Meer und bald gegen das Festland.

Daher konnten wir erst am Mittwoch, den 12., abends einfahren, und zu dieser Zeit warfen wir nahe dem Ort Anker. Mittwoch, den 19. April, fuhren im Auftrage des Admirals die *San Gabriel* und *San Antonio* nach Portugal ab. Hier in Moçambique fanden wir zwei Leute vom Schiff des Chrystovão Jusarte, dessen Kapitän wieder Antonio do Campo war, und das Schiff war auf dem Wege nach Indien. An einem Samstag, den 23. April, fuhr der Admiral aus Moçambique in der Richtung nach Portugal ab und wandte sich gegen das offene Meer, weil der Wind ungünstig war. Und es war Samstag und Sonntag nach Mittag, da wendete er gegen das Festland. Und er kam ein zweites Mal nach Moçambique, weil das Schiff viel Wasser zog, und ebenso die *Froll dello Mar*, so daß man es nicht dichthalten konnte. Montag, den letzten Tag des genannten Monats, fuhr der Admiral wieder in den Hafen von Moçambique ein. Mittwoch, den 2. Mai, fuhren die Schiffe des Fernam Lourenço und des Luis Fernandes von Moçambique nach Portugal ab. Hier in Moçambique blieb der Admiral und legte sein Schiff und auch die *Froll dello Mar* auf Dock und ebenso andere Schiffe, um das Wasser auszuschöpfen. Und nachdem alles geschehen und die Schiffe segelklar waren, fuhr er am 20. Mai nach Portugal ab.

Am 20. Mai, einem Samstag, fuhr der Admiral von Moçambique nach Portugal ab. Er wandte sich gegen das offene Meer und hielt diesen Kurs fünfzig oder sechzig Léguas, und dann wendete er wieder gegen das Festland. Und bei diesen Wendungen wurde das Schiff *Lionarda* beschädigt und nahm viel Wasser. Inzwischen wendeten sie, um Festland zu erreichen, und sie befanden sich zehn Léguas von Moçambique entfernt. Und beim Lavieren am Sonntag, den 28. des genannten Monates, um Moçambique zu erreichen, da kam das Schiff des Ruy Mendes de Noute und stieß mit der *Lionarda* zusammen. Sie wurde schwer beschädigt, und es war ein großes Wunder, daß das Schiff des Ruy Mendes nicht sank, weil es stark stürmte und die See hoch ging. Am andern Tag kam der Admiral in der Früh mit der ganzen Flotte an und ankerte beim Fluß Fernam Velho, welches ein sehr großes und sehr breites Tal ist. Hier blieb der Admiral bis Dienstag, den 30., an welchem Tage er nach Moçambique abfuhr, wo wir am letzten Tag des Mai ankamen. Hier in Moçambique legte er die *Lionarda* und einige andere Schiffe auf Dock. Und von hier, von Moçambique, fuhren die *Leitoa nova* und das Schiff des Ruy Mendes und die *Julia* in der Richtung nach Portugal voraus ab; das war am 16. Juni.

Daß der Admiral in dieser Weise die Flotte in zwei und drei Gruppen abfahren ließ, war eine Folge des großen Mangels an Lebensmitteln; denn zu jener Zeit hatten schon alle sehr wenig zu essen. An einem Donnerstag, dem 22. Juni, waren das Admiralsschiff und die mit ihm verbliebenen Schiffe segelklar, und man fuhr am selben Tage in der Richtung nach Portugal ab. Es war Westwind, und wir kreuzten mit starkem Wind an dieser Küste entlang, bis Samstag, den 1. Juli, da er uns in Windstille ließ. Sonntag, den 2. Tag des genannten Monats, bekamen wir Ostwind, und er dauerte bis Dienstag. Um Mitternacht – das war der 4. Juli –

erhob sich Westwind, und er war sehr stark und dauerte bis Mittwoch. Am 6. kam uns wieder der Ostwind zu Hilfe, und da sahen wir um Mitternacht Land. Und so, den einen Tag mit Westwind, den anderen mit Ostwind, waren wir am Mittwoch, dem 13., bei der Ilha da Cruz*, und am selben Tag legte sich der Ostwind, und am Donnerstag erhob sich in der Morgendämmerung ein sehr starker Westwind, und mit ihm wendeten wir gegen das Festland bis Donnerstag abends, den 24. Und am Abend begannen wir zu kreuzen, und der Admiral kreuzte mit der ganzen Flotte bis zum Anbruch der Nacht, und zu dieser Zeit lief er ein und die Schiffe mit ihm.

Die *Lionarda*, deren Kapitän Dom Luis war, hatte viel Wind, und als sie sah, daß sich die Flotte der Küste näherte, wollte sie auch die Küste erreichen. Und da sie weit entfernt und die Nacht dunkel war, verlor sie die Schiffe, so daß sie die *Froll dello Mar* nicht sah, noch wußte, wohin der Admiral eingelaufen war. Sie zündete Feuer an, und als sie sah, daß niemand antwortete, befahl sie dem Schiff *Cabella Folla* Signal zu geben, und kreuzte weiter bis Freitag, den 15., den ganzen Tag hindurch. Und in der Nacht legte sich der Wind, und es half uns der Ostwind, und wir setzten unseren Weg ohne jede Begleitung fort, außerdem ohne Freude, weil das Schiff weit in offener See war, was sich später wieder besserte.

Von Montag, dem 18. Tag des genannten Monats, bis Dienstag den ganzen Tag hindurch machten wir so viel Fahrt, daß wir bis zum Kap der Guten Hoffnung kamen, und passierten es in fünfzehn Léguas

---

* in der Algoa-Bucht

Entfernung. Den Weg, den wir von hier nach Portugal zurücklegten, beschreibe ich nicht, weil es bekannt ist, was man auf dieser Reise immer tut. Und so, wie ich oben sage, fuhren wir den Weg nach Portugal, und Gott gab uns so gutes Wetter, daß wir bald bis Besegue kamen. Und hier fuhren wir durch viel Windstillen und große Gewitter, und es war so, daß wir niemals Festland erreichen konnten und es nicht einmal in Sicht bekamen. Und inzwischen wendeten wir gegen die Azoren mit Nordostwind und fuhren auf diesem Kurs so weit, bis wir auf die Leeseite der Insel kamen. Und der Wind sprang um, und da wendeten wir neuerlich dorthin, woher wir gekommen waren, in der Erwartung eines Windes, mit dem wir weiter kommen könnten.

In diesem Kurs, an einem Freitag, dem 22. September, trafen wir beim Morgengrauen mit dem Admiral zusammen, der mit sechs Schiffen aus der Richtung der Inseln kam. An diesem Tag vereinigten wir uns mit der Flotte, und hier erfuhren wir, daß die *Froll dello Mar* verlorengegangen war, als wir uns verloren hatten; und daß sie nicht auftauchte und man keine Nachrichten von ihr hatte und bis heute keine Botschaft hörte. Bei diesem Wetter, das wir beim Kap Verde hatten, so daß wir, wie gesagt, wegen der Stürme nicht landen konnten, und auch bei dem Kurs auf die Azoren kam großes Mißgeschick über uns, weil uns alle Leute erkrankten; daher war niemand da, der das Schiff führte. Und weder die Kranken noch die Gesunden hatten außer Zwieback mit vielen Würmern etwas zu essen. Die Not war so groß, daß zwei Hunde und zwei Katzen, die auf das Schiff gekommen waren, von den Kranken gegessen wurden. Viele von ihnen starben, und einige wurden gesund. Freitag, den 27. September, kamen wir in Sicht der Insel Pico, und von hier machten wir unseren Weg nach Terceira.

Samstag früh waren wir in Sicht von Terceira, und hier sahen wir zwei Segel. Es war das Schiff, das aus Guinea kam, und das andere war das Schiff des Ruy Mendes, das aus Indien kam, das Johann da Veyro verloren hatte. Und als wir zur großen Insel kamen, fanden wir Johann da Veyro mit der *Leitoa nova* im Hafen. Hier befahl der Admiral, frisches Wasser zu holen, das für die Schiffe notwendig war. Hier erfuhren wir viele Neuigkeiten von Portugal, von den Flotten und von vielen Dingen, die in Portugal bekannt sind und die hier aufzuzeichnen nicht notwendig ist. Hier blieben wir vom oben erwähnten Tag bis Montag, den 2. Oktober, und an diesem Tag fuhren wir nach Portugal ab. Von dieser Insel an fuhren wir insgesamt nur noch neun Segel. Dienstag, den 11. des Monats, kam um 1 Uhr das Kap Espichel in Sicht, und es war die größte Freude, die wir je erlebt haben.

# Calcoen
## (d. i. Calicut)

*Die Vorbereitungen von Vasco da Gamas zweiter Fahrt nach Indien beschäftigten offenbar schon im Jahre 1501 die Lissaboner Gemüter. So ist es wohl zu erklären, daß der Verfasser des folgenden Berichts, der schon zu dieser Zeit in der portugiesischen Flotte diente und wegen seiner untergeordneten Stellung nicht über die genauen Reiserouten und die Aufteilung der Flotten informiert war, seine Fahrt (unter dem Kommando João de Menezes') gegen die Araber als erste Etappe der Indien-Expedition betrachtete. Er glaubte wahrscheinlich, die vernichtende Niederlage der Portugiesen vor Meskebyl (dem heutigen Mers el-Kebir) hätte eine Rückkehr nach Lissabon notwendig gemacht, der dann erst im Februar 1502 ein zweiter Aufbruch folgte.*

Dies ist die Reise, welche ein Mann selbst erlebt und beschrieben hat über die Fahrt mit siebzig Schiffen von der Reede von Lissabon in Portugal nach Calicut in Indien, und dies geschah im Jahre 1501. Und sie segelten längs der Küste der Berberei und kamen vor eine Stadt, die Meskebyl genannt wurde, und sie wurden da abgeschlagen mit großem Schaden und mit Schande, und wir verloren da viele Leute, deren Seelen Gott haben möge. Diese Schlacht geschah am St. Jakobstag des vorbenannten Jahres.

Die Burg liegt eine Meile vor der Stadt mit Namen Oran, und dahin kommen viele böse Christen-Kaufleute von Venedig und Genua, die verkaufen den Türken Harnische, Büchsen und anderes Kriegszeug, um gegen die Christen zu streiten, und sie haben dort ihren Stapelplatz.

An der Küste der Berberei war ich dann sechs Monate und erlitt viel Drangsal unterwegs.

Im Jahre 1502, am 10. Tag im Februar, fuhren wir von der Reede bei Lissabon ab und hielten unseren Kurs auf Indien.

Das erste Land, das wir fanden, war Canar genannt; da sind viele Inseln, die gehören meistenteils dem König von Spanien und sind wohl zweihundert Meilen von Portugal entfernt.

Wir sind von da weitergefahren und haben unseren Kurs Südost gesetzt und sind an das Kap Verde gekommen, wo wir beinahe geblieben wären; das ist von Portugal wohl fünfhundert Meilen entfernt. Da läuft das Volk ganz nackt herum, Männer und Frauen, und die sind schwarz und schämen sich nicht, denn sie tragen keine Kleider. Und die Frauen leben mit ihren Männern wie Affen; sie wissen weder Gut noch Böse.

Den fünften Tag im März haben wir unseren Kurs Südwest gesetzt, hundert Meilen in See.

Am 29. Tag im März fuhren wir wohl tausendzweihundert Meilen von Portugal entfernt, und da verloren wir den Großen Wagen aus der Sicht, und die Sonne war über unserem Kopf, so daß wir keinen Schemen noch Schatten von irgendeinem Ding sehen konnten noch irgendein Himmelszeichen am zweiten Tag im April.

In dieser See sahen wir Fische mit Flügeln so weit fliegen, wie man mit einer Armbrust schießen kann, und die sind von derselben Größe wie eine Makrele oder ein Hering oder eine Sardine. Und wohl dreihundert Meilen hindurch sahen wir schwarze Möwen mit weißer Brust, die hatten Schwänze wie Schwäne und sind größer als Waldtauben. Diese fangen die fliegenden Fische gleich im Fluge.

Am 11. Tag im April waren wir so weit, daß wir zur Mittagszeit die Sonne im Norden sahen.

Um dieselbe Zeit hatten wir kein Himmelszeichen, das wir zur Hilfe hätten nehmen können, weder die Sonne noch den Mond, nur unseren Kompaß und unsere Karten.

Danach kamen wir in ein anderes Meer, da war nichts Lebendiges darin, kein Fisch noch Fleisch oder etwas anderes.

Vom 20. Tag im April an kam uns der Wind fünf Wochen lang konträr und brachte uns tausend Meilen aus dem rechten Weg, und da waren es wohl zwölf Tage, daß wir weder Land noch Strand sahen.

Den 22. Tag im Mai war es dort Winter, und die Tage waren nicht mehr als acht Stunden lang, und es gab da ein großes Unwetter mit Hagel, Schnee, Donner und Blitz. Der Himmel stand offen gegen das Kap der Guten Hoffnung, und es gab ein weiteres Unwetter. Als wir um das Kap gekommen waren, setzten wir unseren Kurs Nordost.

Am 10. Tag im Juni sahen wir wieder den Großen Wagen und den Polarstern und fanden uns wieder am Himmel zurecht, worüber wir sehr erfreut waren.

Am 14. Tag im Juni kamen wir an eine Stadt namens Sofala und wünschten dort verschiedenes zu kaufen und zu verkaufen, aber sie wollten es uns nicht erlauben, denn sie hatten große Furcht wegen den Papianswassern. Da kommt nämlich ein Fluß aus dem Papiansland, das landeinwärts, von Mauern eingeschlossen liegt und keinen Ausgang zur See außer durch den Fluß von Sofala hat. Der König von Sofala hat allezeit Krieg mit Papian, und er und seine Leute waren in großer Angst, wir möchten den Weg dahin finden, denn wir sprachen mit Leuten aus Papiansland, die in Sofala gefangen als Sklaven waren.

Auch hat Papiansland Überfluß an Silber, Gold und Edelsteinen und Reichtum, und diese Stadt liegt vierhundert Meilen vom Kap der Guten Hoffnung.

Von da fuhren wir an eine Insel, Moçambique genannt, und die liegt zweihundert Meilen von Sofala, und das Land heißt Marabite, und da kennt man kein Geld, denn sie haben weder Gold noch Silber noch anderes Gut.

Den 18. Tag im Juli sind wir abgefahren und an ein Königreich mit Namen Quiloa gekommen, und da ist ein reicher König, den haben wir bezwungen, und nun muß er dem König von Portugal jährlich tausendfünfhundert Metcal geben (ein Metcal ist in flämischem Geld neun Schilling und vier Pfennig). Auch hat er von dem portugiesischen König eine Fahne als Zeichen, daß er ihn als seinen Herrn anerkennt. Wenn der König aus seinem Hofe kam, so warfen sie ihm Wasser und Reis über seinen Kopf und waren sehr lustig und schlugen in die Hände und sangen und sprangen so recht. Der König und sein ganzes Volk laufen nackt herum, Männer und Weiber, aber sie haben einen Schurz vor ihrer Scham, und sie gehen auch alle Tage in die See baden.

Da sind Ochsen ohne Hörner, aber auf ihrem Rücken haben sie eines wie einen Sattel. Da sind auch Schafe mit großen Schwänzen, in denen kein Knochen ist, und der Schwanz ist dicker als das halbe Schaf. Da gibt es auch bunte Krähen, die sind schwarz und weiß; und da wachsen auch Feigen, die sind wohl zwei Hand breit.

Am 20. Tag im Juli fuhren wir von da weg und kamen an eine Insel namens Melinde, die ist hundert Meilen von Quiloa entfernt. Aber wir haben sie liegengelassen und sind ans Kap St. Maria gekommen und haben unser Wesen da gehabt, und wir mußten da über einen Golf, der war wohl siebenhundert Meilen breit. Da ließen wir Papiansland liegen und das Land von Marabia; das war am 30. Tag im Juli. Und als wir hundert Meilen von dort gefahren waren, setzten wir unseren Kurs Nordost.

Zu merken ist, daß von April bis September dort stets Winter ist, und der Wind weht dann immer Südost. Und von September bis April ist es Sommer, und dann weht der Wind allezeit Nordost jedes halbe Jahr. Und wie der Wind, so ist der Meeresstrom, und im Sommer ist dort schlecht sein – ich habe es ein Jahr lang versucht.

Auf dem 5. August sahen wir den Polarstern wieder, worüber wir froh waren, denn wir waren nur noch fünfhundert Meilen von Indien entfernt.

Wir segelten in fünfzehn Tagen über den großen Golf von siebenhundertsiebzig Meilen. Am 21. August war's, daß wir das Land von Indien sahen, und sahen eine große Stadt namens Comban, das ist eine große Handelsstadt und liegt am Lande Caldäa, worin Babylonien liegt, an der Küste von Cobar.*

An dem Lande vorbei, Arabien hinauf, liegt die Stadt Mekka, wo Mohammed liegt, der Heidenteufel, und die Stadt selbst liegt sechshundert Meilen von Osten, woher die Spezereien, Perlen und Edelsteine in unsere Länder kommen.

Wir fuhren vorbei an einer Stadt namens Goa, und da ist ein König. Dieser hat wohl achttausend Pferde und siebenhundert Kriegselefanten im Lande. Und jede Stadt hat ihren König; und wir nahmen da vierhundert Schiffe von der Stadt Goa und schlugen die Besatzung tot und verbrannten die Schiffe.

Von da fuhren wir weiter und kamen an eine Insel namens Angediva; da nahmen wir Wasser und Holz und brachten unsere Kranken an Land, wohl an die dreihundert, und töteten dort eine Echse, die war fünf Fuß lang.

---

* Der Mangel an geographischen Kenntnissen läßt den Autor großzügig mit Namen umgehen, die er wohl während der Reise gehört hatte: Comban könnte Cambaya sein, obwohl dies weiter nördlich liegt; Cobar weist auf den Fluß Chobar in Chaldäa bzw. Babylonien hin.

Goa

Den 11. September sind wir dann in ein Königreich namens Cannar* gekommen, das liegt an einem Gebirge namens Montebyl, und da warteten wir die Schiffe von Mekka ab. Das sind die Schiffe, welche die Spezereien hinüberbringen in unsere Länder, und die wollten wir vernichten, damit der König von Portugal allein die Spezereien dort holen könnte. Doch wir konnten's nicht durchsetzen. Aber um dieselbe Zeit nahmen wir ein Schiff von Mekka, da waren dreihundertachtzig Männer drin und viele Frauen und Kinder. Und wir nahmen daraus wohl zwölftausend Dukaten und Kaufmannswaren im Wert von zehntausend Dukaten. Und wir verbrannten das Schiff und all das Volk zu Pulver am 1. Oktober.

* Canara, der Küstenstreifen von Goa bis Cananor

Dort gibt es auch Hirsche, die haben ein großes Gehörn, das geht von ihrem Kopfe gerade aufwärts und ist gewunden wie eine Schraube.

Am 20. Oktober gingen wir in Cananor an Land und trieben da Handel mit allerlei Spezereien, und der König empfing uns mit großer Pracht und brachte zwei Elefanten und andere fremde Tiere vor, die ich nicht zu nennen weiß.

Den 27. Oktober fuhren wir von dort weg und kamen an ein Königreich namens Calicut, das liegt vierzig Meilen von Cananor, da legten wir uns mit unserer Streitmacht vor die Stadt und kämpften mit ihnen drei Tage und fingen viel Volks und hängten sie an die Schiffsrahen, nahmen sie wieder herab und schlugen ihnen Hände und Füße und den Kopf ab und nahmen eins von ihren Schiffen und warfen die Hände und die Füße und die Köpfe da hinein und schrieben einen Brief und setzten den auf eine Stange und ließen das Schiff ans Land treiben. Wir nahmen da ein Schiff und legten Feuer daran und verbrannten viele von des Königs Untertanen.

Den 2. November fuhren wir von Calicut sechzig Meilen an eine Stadt namens Cochin, und zwischen diesen beiden Städten liegt eine Christenstadt namens Cranganur, da sind viel gute Christen. In der Stadt wohnen auch viele Juden, die haben einen Fürsten, unter dem sie stehen, auch stehen alle Juden des Landes unter demselben Fürsten. Die Christen haben mit niemandem Verkehr und sind gute Christen, treiben an heiligen Tagen weder Kauf noch Verkauf, essen und trinken auch mit niemandem außer mit Christen. Sie kamen auf unsere Schiffe mit Hühnern, mit Schafen und bewirteten uns aufs beste. Sie haben jetzt auch Priester an den Papst in Rom gesandt, um den rechten Glauben zu wissen zu kriegen.

Den 28. November gingen wir zu Cochin an Land, um mit dem König zu verhandeln. Und der König kam zu uns mit großem Gefolge und brachte sechs Kriegselefanten mit sich, denn er hat viel Elefanten in seinem Land und viel fremde Tiere, die ich nicht kenne. So haben unsere Herren, die bei uns waren, mit dem Könige gesprochen, über Handel mit Spezereien und andere Dinge.

Am 3. Januar sind wir dann weitergefahren nach einer Stadt, die heißt Colon, und dort kamen viele gute Christen hin und haben uns zwei Schiffe mit Spezereien gebracht, und es sind der Christen dort

Der König von Cochin mit seinen Nairs

wohl fünfundzwanzigtausend; sie zahlen Kopfsteuer wie die Juden bei uns und haben dort wohl dreihundert Christenkirchen, die nach den Aposteln und anderen Heiligen genannt sind. Von Colon fünfzig Meilen entfernt liegt eine Insel, die heißt Ceylon, und da wächst der beste Zimt, den man findet.

Sechs Tagereisen von Colon liegt eine Stadt, die heißt Lapis, und nahe dabei liegt St. Thomas* in der See, wo man vierzehn Tage um die Zeit seines Namenstages trockenen Fußes durch die See hingehen kann. Und man gibt jedem, der dessen würdig ist, das Heilige Sakrament und verbietet, es denen zu geben, die unwürdig sind. Und das ist vier Tagesfahrten von der großen Stadt Edissa** entfernt, wo der heilige Thomas den großen Palast baute. Die Stadt Lapis ist größtenteils schon zerstört, die Christen wohnen da auf Kopfsteuer, und alles Volk läuft nackt, auch König und Königin, nur ihre Blöße bedecken sie.

Von Colon achthundert Meilen übers Meer liegt eine große Stadt namens Malakka, und von da kommen die besten Gewürznelken und Muskatnüsse und andere kostbare Waren und Edelsteine her.

Die Leute in diesem Lande haben schwarze Zähne, denn sie essen Blätter von Bäumen und weiße Sub-

---

* im Süden der heutigen Stadt Madras, wo der Apostel Thomas den Märtyrertod gestorben sein soll; die Portugiesen errichteten dort 1507 eine Kirche; 1522 wurde die Niederlassung S. Thomé gegründet.

** Der Berichterstatter siedelt die mesopotamische Stadt Edissa, in der der Apostel Thomas gepredigt haben soll, wohl wegen eines Hörfehlers ebenfalls in Indien an.

stanzen oder Kreide mit den Blättern, und davon werden ihre Zähne schwarz, und sie nennen's Tombur* und haben's immer bei sich, wenn sie auf Reisen gehen. Der Pfeffer wächst dort wie der Weinstock bei uns.

In diesem Lande gibt es Katzen, die sind so groß wie bei uns die Füchse und von denen kommt das Zibet, das ist sehr kostbar, denn eine Katze ist hundert Dukaten wert, und das Zibet wächst zwischen ihren Beinen unter dem Schwanze.

Der Ingwer wächst dort wie Schilfrohr und der Zimt wie Weiden, und alle Jahre schält man den Zimt ab, und je dünner und frischer er ist, desto besser ist er. Der rechte Sommer ist im Dezember und Januar.

Den 12. Februar hatten wir eine Schlacht mit dem König von Calicut mit fünfunddreißig Schiffen, ungerechnet die Ruderschiffe. In jedem Ruderschiff mochten sechzig bis siebzig Mann sein, und wir hatten nicht über zweiundzwanzig Mann drauf, aber Gott gab uns Gnade, und wir schlugen uns da durch.

Und wir nahmen zwei große Schiffe von ihnen und schlugen die ganze Mannschaft tot und verbrannten die Schiffe vor der Stadt Calicut in Gegenwart des Königs. Und am anderen Tage gingen wir wieder unter Segel nach Cannar und machten uns fertig, nach Portugal zu fahren. Das geschah 1503 auf den 12. Februar.

---

* Betel

Am 22. März sahen wir die Sonne kurz vor ihrem Untergang im Norden stehen, und wir verloren den Nordstern am 23. März aus den Augen.

Am 26. März fanden wir zwei Inseln, aber wir wollten dort nicht anlegen, weil wir kostbare Güter geladen hatten. Und als das Volk von dem Land sah, daß wir nicht hinkamen, machten sie ein großes Feuer, daß wir herankommen sollten.

Auf den 10. April sahen wir wieder Papiansland, und da hatten wir achtundvierzig Tage auf dem Golf zugebracht.

Am 13. Tag im April sahen wir das oben beschriebene Land von Moçambique wieder, und da lagen wir bis zum 16. Juni, und wir sind von dort unter Segel gegangen, dann sind die Tage am kürzesten.

Da liegt ein großes Königreich, wie oben beschrieben, Colon genannt, da wachsen die Perlen wie die Austern in der See. Aber das Meer ist dort nicht über vier oder fünf Faden tief. Da gibt es Fischer, welche sie mit hölzernen Pramen fischen, sie setzen die Pramen auf Mund oder Nase und gehen dann unter Wasser, denn sie können wohl eine viertel Stunde unter Wasser bleiben; und wenn sie was gefangen haben, kommen sie herauf, und so immer wieder.

Den 14. Juni begannen uns Brot und Fleisch auszugehen, und wir waren da wohl noch tausendachthundert Meilen von Lissabon entfernt. Den 30. Juni fanden wir eine Insel, und da schlugen wir wohl dreihundert Menschen tot und fingen ihrer viele, dann nahmen wir Wasser ein und fuhren ab am 1. August.

Am 13. August sahen wir den Polarstern wieder, und da hatten wir wohl noch sechshundert Meilen bis Portugal.

Im Jahre 1502 … die Ungläubigen …

*Der Rest des Berichts ist zerstört.*

*Die dezimierte Flotte des »Admirals der Indischen Meere«, Dom Vasco da Gama, lief am 11. Oktober 1503 in den Hafen von Lissabon ein, wo ihr ein prunkvoller Empfang bereitet wurde.*

*Dieses Datum läßt darauf schließen, daß der letzte Teil der Reise ohne besondere Aufenthalte vonstatten ging. Die Kunde über die Taten in Afrika und Indien hatte Portugal allerdings schon früher erreicht:*

*Am 18. und 19. April, als der Admiral erkennen mußte, daß sich der Aufenthalt in Moçambique wegen der unerläßlichen Schiffsreparaturen, der widrigen Monsunwinde und ungünstigen Meeresströmungen hinziehen würde, hatte er zwei Schiffe vorausgeschickt, um einen ersten Bericht über den Verlauf der Expedition in die Heimat zu bringen. Das erste Schiff langte am 20. August 1503 in Lissabon an, das zweite zehn Tage später.*

*Mit letzterem kam auch der lange Brief Mateo di Beginnos nach Portugal, in dem er seine Erlebnisse als Teilnehmer des Geschwaders von Estevão da Gama schildert:*

# Der Brief des italienischen Faktors Mateo di Begnino über die Reise nach Indien

Im Namen Gottes, den 30. März 1503, auf See.

Ehre Euren Vorfahren usw.! In Ermangelung eines Boten schrieb ich Euch seit meiner Abreise [aus Cananor] nicht, und aus diesem Grunde werde ich Euch kurz berichten, was seitdem und zuvor geschehen.

Wie Ihr wißt, stachen wir am 1. April 1502 in See, und drei Tage später kamen wir in einiger Entfernung an der Insel Madeira vorbei und befanden uns also auf unserer Route. Wir hatten nicht vor, nach Besegue zu fahren, und nachdem wir die Küste von Vera Cruz verlassen und tagelang kein Land gesehen hatten, sichteten wir am 18. Mai eine Insel*, die von Vera Cruz hundert Meilen entfernt war und von welcher bis dahin keiner der Flotte Kenntnis gehabt. Die Entfernung von uns zu ihr betrug etwa zwölf Meilen, und da der Wind gedreht hatte, begannen wir zu wenden, um an sie heranzukommen. Dies wäre uns auch gelungen, wenn auf dem Schiff des Ruymendes nicht ein Stück des Großmastes gebrochen wäre und wir so gezwungen waren, auf ihn zu warten. Um keine Zeit zu verlieren, setzten wir unsere Fahrt in Richtung Kap der Guten Hoffnung fort, wobei uns schlechtes Wetter und viele Stürme

---

* die Insel Trinidad (Trindade)

sehr zu schaffen machten. Zu unserem großen Schmerz verloren das große Handelsschiff, die *Fior de la Mare* und wir am 7. Juni das Schiff des Ruymendes und die Galeone aus den Augen, da, wie wir später hörten, auf dem Schiff des Ruymendes das Steuerruder gebrochen war. Wir verloren sie jedoch nicht, weil wir es so gewollt hätten, denn wäre es deshalb geschehen, wir hätten es schon früher getan, da wir wegen dieser beiden Schiffe schon mehr als zwei Wochen verloren hatten. Der Grund war, daß die Takelage, vor allem die auf dem Schiff des Ruymendes, sehr zu wünschen übrig ließ, wohingegen die unsrige, die des großen Handelsschiffes und die der *Fior de la Mare* in sehr gutem Zustand war und ist. Da die beiden Schiffe nicht wieder auftauchten, setzten wir unsere Fahrt fort und fuhren durch viele Unwetter weiter in Richtung Kap der Guten Hoffnung, doch mit Gottes Hilfe gelangten wir in Sichtweite des Kaps; von dort waren es noch zweihundertsiebzig Meilen bis Moçambique, welches wir am 8. Juli sichteten. Das Wetter machte uns jedoch so sehr zu schaffen, daß wir Mühe hatten, nicht zu stranden; und unsere Fahrt in Richtung Moçambique fortsetzend, kamen wir hier am 15. Juli an, wo wir einen Brief des Admirals vorfanden, des Inhalts, daß er zwölf Tage zuvor von dort nach Quiloa aufgebrochen sei, und er schrieb weiter, daß hier ankommende Schiffe umgehend weiterfahren und ihm nach Quiloa folgen sollten, und sähen sie ihn in der Bucht von Quiloa, so sollten sie hineinfahren, wenn nicht, so sollten sie ihre Fahrt nach Melinde fortsetzen. Aus diesem Grunde machten wir uns sogleich an die Weiterfahrt, und vier Tage später, am 18. desselben, stachen wir wieder in See. Wegen der kurzen Zeit war es uns hier nicht möglich, Waren aufzunehmen; außerdem hatte der Erste Kapitän, Estevão da Gama, angeordnet, daß man hier und an anderen Stellen der Küste nur landen dürfe, wenn er mit seinem Schiff zugegen sei. Er gab uns zu verstehen, daß es für den König oder für die Kaufleute auf unseren Schiffen in Sofala nichts von Wert gäbe. Wir wollten nicht gegen seinen Willen handeln, und da wir außerdem nicht viele Waren hatten, die Gefahr beim Einlaufen in den Hafen sehr groß gewesen wäre und wir keine Zeit verlieren wollten, fuhren wir weiter bis nach Quiloa, wo wir am 23. desselben Monats ankamen und die Schiffe erblickten; sodann fuhren wir von der genannten Stelle wieder hinaus und benötigten dabei den ganzen Tag und die ganze Nacht, um zu wenden und dort herauszukommen. Tags darauf erschien der Admiral mit seinem Schiff, welcher uns mit übergroßer Freude empfing und einen jeden von uns mit allen möglichen Dingen bedachte. Von dort fuhren wir weiter und kamen in die Nähe von Melinde (zwei Meilen von dort entfernt). Da es schon spät war und wir an jenem Tage nicht mehr bis Melinde gelangen konnten, blieben wir dort vor Anker. In jener Nacht, auf Grund der starken Strömung und der widrigen Winde, war es uns nicht möglich, unsere Position zu halten, so daß wir uns am nächsten Morgen fünf Meilen von Melinde entfernt befanden und wir nicht hingelangen konnten. Wir gingen dort vor Anker, um nach Wasser zu sehen, und blieben ebenda zwei Tage.

In dieser Zeit ließ der Admiral uns, die Kapitäne und die Faktoren, wissen, wir sollten ihm schriftlich anzeigen, wieviel Gewürz und welcher Art ein jeder aufnehmen wolle, desgleichen wieviel Geld und welche Waren wir hierfür bei uns hätten; er ließ sagen, daß er dies zu erfahren wünsche, da man im Hafen, wo er vor Anker liege, wissen wolle, wieviel an Waren für alle Schiffe benötigt würden und ebenso, was für die Bezahlung derselben vorhanden sei. Auf diese Weise wisse er dann, wenn er nach Cananor, nach Calicut und nach Cochin komme, wonach er in jedem dieser drei Orte verlangen müsse. Des weiteren wünsche er nicht, daß irgendwelche Waren gekauft oder verkauft würden zu anderen als den von ihm festgesetzten Preisen, und auch nur über den Faktor des Königs.

Wir alle hatten nichts dagegen, ihm schriftlich anzuzeigen, was wir an Waren und Geld bei uns hatten, und desgleichen, was wir zu kaufen beabsichtigten, wobei wir im einzelnen aufführten, von welchen Gewürzen wir mehr, von welchen wir weniger kaufen wollten, je nach Art und Preis.

An dem erwähnten Ort berichtete man uns, daß der Admiral mit dem fünften königlichen Schiff, sowie der *San Gabriel* und der *San Antonio* des Ruy de Figueiredo sowie dem Schiff des João da Fonseca in den Hafen von Sofala eingelaufen sei und dort noch mehr Gold eingetauscht hätte, und zwar in einem Wert von zweitausendfünfhundert Dukaten oder Mytigalli*. (Ein Mytigallo entspricht etwa einem Dukaten.) Doch man verkaufte ihnen nicht so viel, wie sie erhofft hatten. Es wird behauptet, der Grund sei der gewesen, daß die Mauren, die wie viele andere in Sofala lebten, es nicht zuließen, daß die Einwohner des Ortes selbst Tauschgeschäfte be-

* Metcal

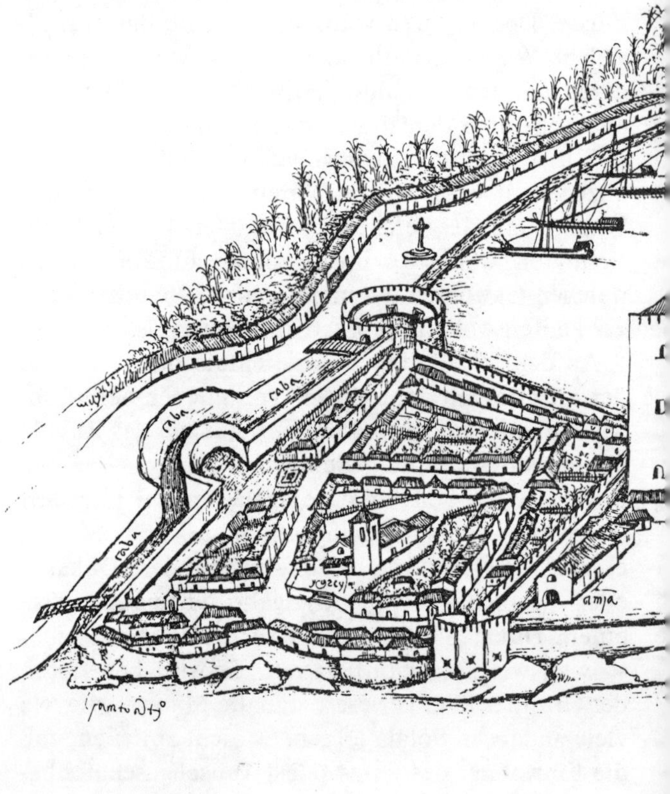


Der Hafen von Cananor

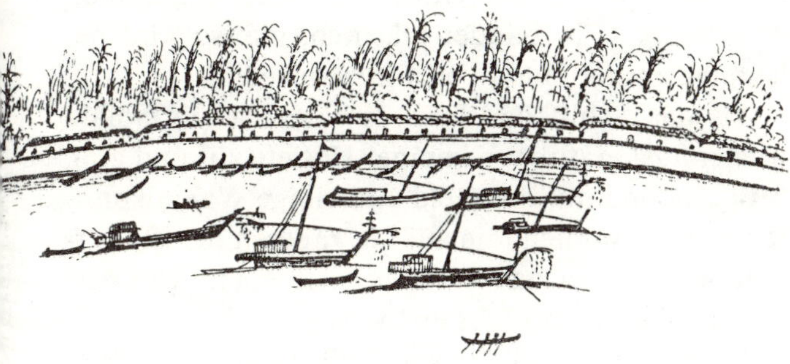

CANANOR

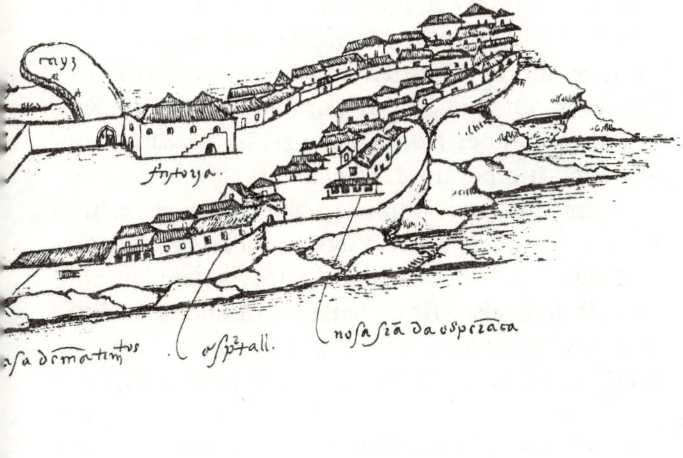

trieben, denn sie seien die wahren Herren; und damit uns nicht zu Ohren komme, welche Mengen Goldes dort vorhanden sind, behaupteten sie, der Ort sei von vier oder fünf Schiffen geplündert worden, so daß man das Gold von denen bekommen könne, die es in Länder brächten, die, so wird behauptet, in der Hand von Christen seien.

Als das Schiff des João da Fonseca aus Sofala wieder auslief, fuhr es in einer Untiefe auf und ging verloren, und nur das Geld und einige Waren konnten gerettet werden, die auf die anderen Schiffe verteilt wurden, so daß er zwar nicht mehr viel verdiente, aber auch nicht viel verlor.

Der Admiral schickte von Quiloa aus zum König des Landes und ließ ihn wissen, er wünsche ihn zu sehen, weil er mit ihm einen Vertrag machen und Frieden schließen wolle; doch dieser wollte offenbar nicht darauf eingehen. Als der Admiral feststellte, daß der König kein Interesse zeigte, gab er allen Schiffen Befehl, auf die Küste zuzufahren. Wir brachten auf den Schiffen und der Karavelle die Artilleriegeschütze in Stellung und fuhren auf die Küste zu, so daß der König entsetzliche Angst bekam und sich zitternd auf das Schiff begab und dort gemeinsam mit dem Admiral übereinkam, sich hinfort als Untertan des Königs von Portugal zu betrachten, und daß er dessen Banner aufstellen und ihm jährlich als Tribut tausendfünfhundert Mytigalli in Gold zahlen werde; und er zahlte dem Admiral die Summe für ein Jahr, und zwar in Gold.

Wir verließen den erwähnten Ort, der von Melinde etwa fünf Meilen entfernt war, und fuhren in Richtung Angediva weiter. Bei ausgezeichnetem Wetter erreichten wir am 11. August einen Ort, der von Angediva etwa hundert Meilen entfernt ist, doch niemand von uns wußte, wo wir uns befanden. Wir erfuhren später, daß er Dabul heißt. Der Admiral schickte eine der Karavellen, um zu erfahren, um welches Land es sich handle, und sie fanden heraus, daß es Dabul war, von dem gesagt wird, es sei sehr groß, und von dem man auch sagt, es gebe hier viel Lack und einige Diamanten.

Wir blieben hier fünf Tage, ohne uns darum zu kümmern, wo solches zu finden sei, und stachen in Richtung Angediva wieder in See, welches wir am 18. August erreichten. Hier versorgten wir uns mit Wasser und Holz, und während dieses Aufenthalts rief der Admiral die anderen Kaufleute zu sich und sagte ihnen, sie könnten hier tun und lassen, was ein jeder von ihnen wolle; wenn sie bleiben wollten, könnten sie auf Rechnung des Königs Gewürze kaufen oder desgleichen verkaufen; oder, falls sie dies wünschten, könnten sie an von ihm angegebenen Orten einkaufen, zu von ihm festgesetzten Preisen. Er sagte weiters, er wünsche, daß von allen Kaufleuten nur zwei oder drei an Land gehen sollten, welche von uns hierfür auszuwählen wären. Ein jeder schien auf Rechnung des Königs Handel treiben zu wollen, so daß uns nicht klar war, was er uns jetzt befehlen würde, denn wir wußten, daß es nicht gut war, seinen Wünschen nicht zu entsprechen. So kamen wir denn alle zu einem gemeinsamen Beschluß, worüber Ihr, so Gott will, mündlich Näheres erfahren werdet.

Am 28. August verließen wir Angediva wieder, da wir hier nicht länger bleiben wollten, denn für die Kranken, deren wir mehr als ein Drittel in der gesamten Flotte hatten (darunter Seeleute und Geometer), fanden wir hier keine Linderung. Eines der Schiffe konnte nur unter großen Schwierigkeiten manövriert werden, und wir selbst hatten zu der Zeit zwölf Kranke im Bett.

Wir fuhren also weiter bis an die Landzunge, welche von Cananor fünf Meilen entfernt war, und wo wir uns mit sehr guten frischen Vorräten versorgten – mit Hühnern, Orangen, Fischen und anderen Dingen, so daß die Kranken sogleich anfingen, wieder zu Kräften zu kommen und binnen kurzer Zeit wieder gesundeten.

In der gesamten Flotte starben jedoch an die sechzig bis siebzig Männer, doch auf unserem Schiff, Gott sei gelobt, starben nur zwei Geometer; einen von diesen hatten wir krank übernommen, der andere war Sizilianer. Zur Zeit, Gott sei gelobt, sind wir alle wohlauf.

An der genannten Stelle fanden wir das Schiff *San Giuliano* vor, welches hierher gelangt war, ohne Angediva zu passieren, und als wir noch in Angediva waren, gelangte auch das Schiff des Ruymendes hierher.

Hier blieben wir etwa einen Monat in Erwartung einiger Schiffe aus Mekka, und jeden Tag waren vier oder sechs unserer Schiffe mit vollen Segeln bereit, doch es kam nur ein Schiff aus Richtung Mekka, welches wir ohne größeren Kampf aufbrachten, denn nach den ersten Salven zogen sie ihre Segel ein, da sie sahen, daß wir sie eingekreist hatten. Weder ich noch die anderen Faktoren, noch die Kapitäne der Handelsschiffe hatten ahnen können, was wir vorfanden: an maurischem Geld etwa sechstausend Dukaten in Gold und etwa fünftausend in

Silber und etwa hundert in türkischer Währung, sowie Quecksilber, Kupfer und Opium und andere Waren im Werte von sieben- bis achttausend Dukaten. Von dieser Beute durften wir nicht sprechen, da wir, wie uns gesagt wurde, nicht daran Teil gehabt hätten und wir nichts davon wüßten; um das Ganze kursieren jetzt dort einige Geschichten, welche wohl nie ganz aufgeklärt werden können. Das Schiff wurde mitsamt der Besatzung in Brand gesetzt, und außer zwanzig Schiffsjungen, welche mit dem Schiff nach Constantinopel hatten fahren wollen, rettete sich niemand. Nach ihren Angaben hatten sich auf diesem Schiff etwa zweihundert Mann befunden.

Der König von Cananor schrieb hierher mehrmals an den Admiral, um ihm zu sagen, er stehe zu seinen Diensten, und er lagere in seinem Lande Gewürze in einer Menge von etwa sechstausend Zentnern, welche er ihm zu einem Preis überlasse, den er wolle, und daß er jeden Tag weitere erwarte. Und der König von Calicut schickte einen Botschafter und ließ dem Admiral ausrichten, er sei in Calicut und trage nicht nach, was in der Vergangenheit geschehen sei, und er gebe für das Vorgefallene nicht ihm die Schuld, sondern Ayres Correa*. Gott möge ihn strafen, falls er für den Tod der Leute verantwortlich sei, und was man Ayres Correa genommen, werde er dem Admiral zurückerstatten.

Nachdem wir also etwa einen Monat in der Bucht vor Anker gelegen hatten und sahen, daß aus

* Ayres Correa, der Faktor des Pedro Álvares Cabral, wurde 1500 mit mehr als vierzig Portugiesen in Calicut erschlagen. Cabral ließ daraufhin die Stadt bombardieren und verbrannte zehn arabische Schiffe, die im Hafen lagen.

Mekka keine Schiffe mehr vorbeikamen, und wir außerdem mit dem Verladen fertig waren, stachen wir wieder in See. Vor Cananor wurden wir schon erwartet, und der dortige König ließ sogleich eine Holzbrücke errichten, um sich mit dem Admiral zu treffen. Die Brücke wurde so weit ins Meer hinaus gebaut, bis an ihr die Karavelle anlegen konnte. Nach ihrer Fertigstellung trafen sich beide, mit großem Prunk und Gepränge, wobei sich beide einig wurden. Der König versicherte, er wolle alles tun, was der König von Portugal von ihm wünsche, und er wolle dies auch für den Admiral tun, der an seines Königs Stelle hier sei. Falls es notwendig sei, Krieg gegen den König von Calicut zu führen, sei es zu Lande oder zu Wasser, so sei er dazu sofort bereit. Er wolle auch veranlassen, daß die Kaufleute seines Landes uns Gewürze verkauften zu einem Preis, den der Admiral festsetzen möge. Danach tauschten beide Geschenke und Dankesreden aus. Und tags darauf kamen sie zum Schiff und redeten auf den Admiral ein und konnten sich mit ihm nicht über den Preis für die Gewürze einigen; sie wünschten, daß man sie so bezahle, wie dies João da Nova getan hatte, und bedeuteten uns, daß ihre Waren üblicherweise sehr teuer seien. Zur selben Zeit kam aus Calicut von König Samorin einer von den Leuten, die daselbst bei Ayres Correa gewesen waren, mit einem Botschafter des Königs, der dem Admiral versprach, alle Schiffe mit Waren zu beladen und das zu ersetzen, was dem Faktor Ayres Correa weggenommen worden war. Daraufhin gab der Admiral Befehl, von Cananor aus weiterzufahren in Richtung Calicut, ohne wegen der Preise für die Gewürze zu einer Übereinkunft gekommen zu sein;

am 17. Oktober gelangten wir so noch fünf Meilen von Calicut entfernt an einen Ort, der Pandarane genannt wird und dem König von Calicut gehört. Von dort schickte der Admiral einen Unterhändler zu dem König von Calicut, um ihm ausrichten zu lassen, er wolle mit ihm einig werden, und er solle ihm schicken, was dem Faktor weggenommen worden sei, daß er seinen Anteil festzusetzen gewillt sei und hier nur bis zum folgenden Tage warten würde, welcher aber verstrich, ohne daß wir eine Antwort erhielten.

Von dort fuhren wir weiter bis eine Meile vor Calicut. Hier erreichte uns immer noch keine Antwort, und als der Admiral sah, wie Fischer in ihren Einbäumen aufs Meer hinaus und um unsere Schiffe herumfuhren, ohne Angst vor uns zu zeigen, begann er damit, ein paarmal auf sie zu schießen, um sie einzuschüchtern. Zwei unserer Boote wurden direkt auf sie losgeschickt, und sie kaperten zwei von ihnen mit fünf Mann; am folgenden Tage fuhren wir in Richtung Calicut weiter und gingen weit außerhalb der Stadt vor Anker. Dorthin kam ein Botschafter des Königs, um dem Admiral zu sagen, er solle unweit Calicut festmachen, und er, der König, wolle sich mit ihm einigen, und er wolle das in der Vergangenheit Geschehene vergessen, und wenn auch von den Unsrigen einige gestorben seien, so habe es später doch unzählige Tote auf dem Schiff aus Mekka gegeben; was den Faktor Ayres Correa anbelange, so sei ihm zwar etwas genommen worden, aber Pedro Álvares und wir hätten schließlich sehr viel mehr erbeutet, und beides halte sich die Waage; er werde von nun an mehr darauf achten, daß in seinem Lande kein Unrecht

Die Boote der Inder

Almadias.

geschehe, und uns einen Ort bestimmen, wo wir verhandeln könnten. Und was die Aufforderung des Admirals anbelange, man solle die maurischen Kaufleute vertreiben, so sagte der Botschafter, daß es nicht rechtens sei, sie aus dem Lande zu treiben, da sie sich schon seit sehr langer Zeit hier aufhielten, und daß man sie wie Landsleute betrachte.

Dies alles fand keineswegs unseren Beifall, und der Admiral erwiderte ihm, er werde Krieg gegen ihn beginnen und ihm noch vor dem nächsten Tag unser Schiff als Antwort schicken, wenn er ihm nicht umgehend das herbeischaffe, was man dem König von Portugal gestohlen habe. Zur gleichen Zeit brachten unsere Boote vier der Einbäume auf, die mit acht Mann zum Fischfang ausgefahren waren, und in der folgenden Nacht schickte der König von Calicut wiederum einen Botschafter und ließ sagen, er wolle gegen den Admiral keinen Krieg führen, und was den Faktor anbelange und alles, was man ihm entwendet, so sei es wohl rechtens, wenn der Admiral dafür Ersatz verlange, jedoch müsse das davon abgezogen werden, was Pedro Álvares seinerzeit in des Königs Hafen erbeutete, und darüber gebe es eben zwei Meinungen. Er ließ den Admiral auch wissen, er gestatte ihm nicht, in irgendeinem anderen Hafen von Malabar Verhandlungen zu führen, denn es sei bei ihnen üblich, daß die Schiffe an einem bestimmten Hafen festmachten und nicht zu anderen weiterführen, um dort Geschäfte zu machen. Was ihm hier derart unterbreitet wurde, mißfiel dem Admiral in höchstem Maße, und er ließ erwidern, falls ihm bis zum Mittag des folgenden Tages nicht das herbeigeschafft werde, was der Faktor besessen und was dem König von

Portugal gehöre, so lasse er ihn wissen, er werde ihm den Krieg erklären, und er erwarte, daß der König noch am selben oder am darauffolgenden Tage, spätestens aber am Morgen danach, auf seine Forderungen eingehe. Die Schiffe, die auf Schußweite weit außerhalb von Calicut vor Anker gelegen hatten, wurden losgemacht und bewegten sich auf den Hafendamm aus Stein zu, so daß wir sehen konnten, wo die gegnerischen Schiffe lagen, und hier gingen wir vor Anker, bezogen mit unseren Geschützen Stellung und warteten, bis der Mittag vorbei war. Als wir sahen, daß man niemanden zu uns schickte, nahmen wir achtunddreißig Mann der Besatzung eines Bootes, das wir zusammen mit den anderen Einbäumen aufgebracht hatten, verteilten sie zu zweien oder zu dritt auf unsere Schiffe und hängten sie alle in großer Höhe auf, so daß man sie in Calicut sehen konnte. Sogleich darauf nahmen wir die Stadt mit unserer Artillerie unter Beschuß, und den ganzen Tag bis in die Nacht hinein hörten wir nicht auf damit. Als es Nacht geworden war, sandte der Admiral zu allen Schiffen den Befehl, man solle die erhängten Männer herunterholen, ihnen Hände und Füße abhacken und zu ihm bringen. Auf jedem Schiff tat man dergleichen, und er ließ sie alle in ein Boot schaffen, mit einem Brief an den König von Calicut, in welchem er ankündigte, er wolle nicht länger warten, und falls der König nicht zurückgebe, was Portugal zustehe, so werde es jedes Jahr Krieg geben.

Nachdem das Boot in die Nähe der Küste gebracht worden war, eilten die Leute darauf zu und nahmen den Brief an sich.

Am selben Tage wurden wir von Land aus fünf-

oder sechsmal bombardiert, zwar nicht heftig, aber sie schossen dort genauso gut wie wir. Am folgenden Morgen, als es hell geworden war, begannen wir wieder mit unserem Beschuß und hörten vor Mittag nicht wieder auf. Insgesamt schossen wir dreihundertmal mit schwerem Geschütz, leichtere Geschütze nicht gerechnet, die wir unzählige Male einsetzten. Das Ganze mußte einen ungeheuren Lärm in den Häusern und Hütten machen, und nach unserer Schätzung töteten wir etwa zweihundert Personen.

Tags darauf fuhren wir wieder aufs Meer hinaus, dorthin, wo wir zuvor schon gewesen waren, und am folgenden Tag verbrannten wir ein großes Schiff, welches wir an der Küste vor Calicut gekapert hatten.

Von hier fuhren wir weiter, ließen zwei Schiffe und eine Karavelle oberhalb von Calicut zurück, drei Schiffe fuhren in Richtung Cananor, und wir anderen fuhren weiter nach Cochin.

Mit Gottes Hilfe kamen wir am 7. November daselbst an, und der dortige König zeigte sich sehr erfreut über unser Kommen, und sechs Tage später traf er sich mit dem Admiral in einer Karavelle, welche in den Fluß von Cochin hineinfuhr. Hier überreichte ihm der Admiral einige Geschenke des Königs, sicherte ihm Frieden zu und traf eine Vereinbarung über Pfeffer und Zimt; Pfeffer sollte 150½ Favoni* je Faß kosten und der Zimt 145 je Faß. Nach den Erfahrungen, die wir hier machten, entspricht ein Faß 3 Zentnern, 22 Ratali sind ein

* Fanão

Faß, und 19 Favoni entsprechen einem Cruzado. Und der König versprach, uns so viel Pfeffer zu geben, wie wir nur wollten. Wir begannen also damit, nach und nach die Schiffe zu beladen, wurden dafür aber nur unser Kupfer los, und zwar für 720 Favoni je Faß, und für jedes Faß Pfeffer mußten wir mit 1 Ferazola* Kupfer bezahlen (das Faß wird zu 20 Ferazole gehandelt), und von den anderen Waren wollen wir nicht sprechen. Doch der König begann das Verladen des Pfeffers so sehr zu verzögern, daß wir uns des öfteren überlegten, ob wir von hier überhaupt etwas mitnehmen sollten, und der Admiral ärgerte sich immer wieder über den König und spielte mit dem Gedanken, mitsamt dem Faktor wieder in See zu stechen, da er sah, daß der König das gegebene Versprechen bezüglich der Ladung nicht gehalten hatte.

Zur selben Zeit kamen von Cananor die Schiffe *S. Antonio* und *S. Gabriel* mit einem Botschafter des dortigen Königs, der den Admiral bat, er solle ihm drei seiner Schiffe schicken, und er werde sie beladen zu den Preisen wie in Cochin. So schickte ihm also der Admiral drei Schiffe, auf denen nur wenige von uns mitfahren wollten, weil es dort, wie wir gehört hatten, nur wenig Pfeffer und minderwertigen Zimt gab. Wir anderen aber beluden täglich mit einigen wenigen der Kaufleute wie vereinbart unsere Schiffe, an einem Ort, der von Cochin achtzehn Meilen entfernt liegt und wo es ziemlich viel Pfeffer gibt. Dem Admiral wurden hier dreitausend Faß Pfeffer, Zimt und Gewürznelken verkauft, wofür mit einem Teil des Kupfers bezahlt wurde; der Rest

* Frazala

wurde mit Bargeld und Opium beglichen, welches wir auf dem erwähnten Schiff erbeutet hatten. Auch das Schiff des Fernando Lorenzo fuhr dorthin; in Cochin waren wir somit zahlenmäßig nur noch wenige Kaufleute, beluden aber weiter unsere Schiffe mit Waren. Einige Zeit später gab es wieder sehr viel Pfeffer, denn es war die Zeit der neuen Ernte, so daß ein jeder von uns sein ganzes Geld und alles Kupfer dafür hergab. Von den anderen mitgeführten Tauschwaren war noch fast alles vorhanden, mit Ausnahme eines Teils, den wir im Tausch gegen etwas Zimt sowie Brasilholz, Kampfer, Aloeholz und Muskatnüsse hergegeben hatten. Der Admiral gestattete nicht, daß wir unsere Waren unter dem von ihm angegebenen Preis verkauften, nämlich Alaun zu 270 Favoni je Faß, Quecksilber zu 1000 Favoni je Faß, Safran zu 500 Favoni je Ferazola. Da wir zu diesem Preis kaum verkaufen konnten, tauschten wir nur einige wenige dieser Waren gegen andere ein. Eine gewisse Menge benötigten wir zum Teil zur Bezahlung hier, doch wir hatten davon noch sehr viel auf unseren Schiffen und wurden sie zu unseren Preisen nicht los. Die Waren verdarben völlig, vor allem auf unserem Schiff; alles war voller Schmutz, und die Feuchtigkeit des Meeres war überall eingedrungen. So waren wir gezwungen, sie weit unter Preis herzugeben, größtenteils unter dem in Constantinopel zu zahlenden Preis; einen Teil tauschten wir gegen Stoffe und Perlen ein, wie aus der Aufstellung hervorgeht, die ich Euch schicken werde. Aus ihr gehen weitere Einzelheiten hervor, über die ich mich jetzt hier nicht weiter auslasse. Wie schon erwähnt, wurde das Faß in Cochin zu 3 Zentnern bzw. 22 Ratali gehandelt, in Cananor zu

4 Zentnern. Wir wissen nicht, ob etwas in der Aufstellung fehlt und wieviel, vor allem was den Pfeffer anbelangt; viel kann es jedoch nicht sein.

Es folgt die Aufstellung:

| | | |
|---|---|---|
| Pfeffer | 366 Faß, entsprechend | 1174½ Ztr. |
| Brasilholz | 28 Faß | 102 Ztr. |
| Zimt | 12 Faß, 19 Ferazole, 90 Blatt | 44⅘ Ztr. |
| Kampfer | 4 Ferazole, 116¼ Blatt | 11½ Ztr. |
| Aloeholz | | 6 Ztr. |
| Muskatnüsse | | 12½ Ztr. |
| Gewürznelken | 2 Ztr., 94⅔ Blatt | 14½ Ztr. |
| Benzoe | | 12 Ztr. |
| Indigo | 22 Ferazole, aus Cananor | 11 Ztr. |
| Getrocknete Mirabellen | 10 Ferazole, aus Cananor | 2 Ztr. |
| | Zusammen | 1390⅘ Ztr. |

Stoffe – 34 Posten, jeder einzelne im Wert von 14 bis 15 Dukaten. Verschiedene Perlen zu etwa 140 Dukaten, die einen hohen Tauschwert darstellen und die wir gegen verschiedene Waren des Schiffseigentümers eingetauscht haben. Außer unseren Vorräten haben wir auf unserem Schiff jetzt 1400 Zentner geladen. Es folgen die Preise der oben angeführten Waren:

Der Pfeffer wird in Cochin zu 150½ Favoni je Faß gehandelt.

In Cananor zu 220 Favoni; ein Faß entspricht 4 Zentnern.

Zimt in Cochin zu 245 Favoni je Faß
Kampfer zu 100 Favoni je Faß
Aloeholz zu 1000 Favoni je Faß
Gewürznelken in Cochin zu 400 Favoni je Faß
Muskatnüsse zu 145 Favoni je Faß
Benzoe zu 500 Favoni je Faß
Indigo in Cananor zu 50 Favoni je Ferazola
Mirabellen zu 7 Ferazola in Cananor
Ingwer in Cananor zu 55 Favoni je Faß.

In Cochin gibt es keinen Ingwer, und in dieser Gegend gibt es auch nicht alle Gewürze, von denen man spricht, und auch keine Edelsteine. Was Indigo anbelangt, so kann über Calicut dasselbe gesagt werden wie über die Insel Madeira: In Friedenszeiten wird es hier möglich sein, Handel zu treiben. Hier gibt es keine Gewürze, sondern nur Mirabellen, Aloeholz, Kampfer, Tamarinde und etwas Moschus. Große Mengen kommen dagegen aus Malakka, auch Schellack und Brasilholz.

Ich bin der Ansicht, eine ähnlich ausgestattete Flotte wie diese könnte ohne Schwierigkeit Pfeffer, Ingwer, Zimt und etwas Gewürznelken einhandeln, aber man müßte abwarten, ob es ein gutes Erntejahr gibt. Als wir am 22. Februar von Cananor losfuhren, wußten auch wir noch nicht, was uns die kommenden Monate noch bringen würden, aber Gott, unser Herr, hat uns immer geholfen, und hoffentlich wird er uns weiterhin helfen, führen und beschützen.

Etwa vierzehn Tage, bevor wir Cochin wieder verließen, brachten Vicente Sodré und Braz Sodré in der Nähe von Cananor ein Schiff auf, welches mit Geschützen bestückt war und auf welchem sich

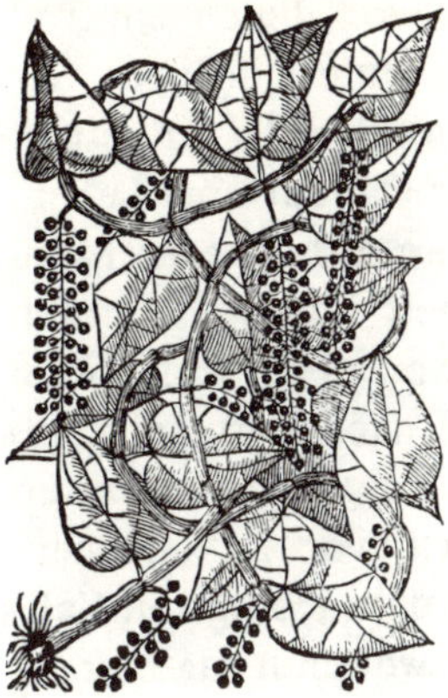

Pfeffer

Zimt

Ingwer

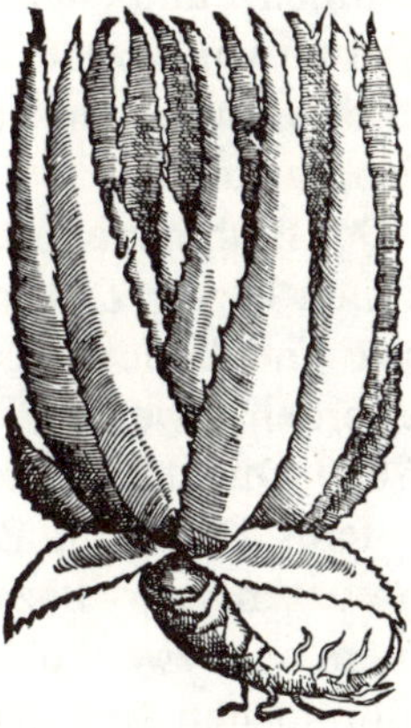

Aloe

über hundert Mann befanden, von denen ein Teil floh und sich ins Meer stürzte, andere dagegen versuchten, sich auf zwei weitere Schiffe zu retten. Hierbei kamen viele Leute aus Calicut ums Leben. Einer ihrer Brahmanen, die man mit unseren Mönchen oder Priestern vergleichen könnte, erschien vor dem Admiral und sagte ihm, er sei aus einem anderen Königreich und wolle nach Portugal kommen. Darauf begann er einige Zentner Gewürze an Bord zu schaffen und begann davon zu sprechen, daß es eine gute Sache sei, mit dem König von Calicut Frieden zu schließen. Des weiteren sagte er, er sei der Ansicht, der König von Calicut werde um einer solchen Vereinbarung willen jeden Preis zahlen, und er drang so sehr in den Admiral ein, daß dieser ihn nach Calicut schickte, ihm ein Banner gab und sagen ließ, es möge ein zuverlässiger Bote kommen, und wenn der König bereit sei, die Summe von 26000 Dukaten zurückzuerstatten, so sei er es zufrieden und sei auf keine weiteren Vereinbarungen aus.

Der Brahmane fuhr also nach Calicut und kehrte binnen kurzer Zeit mit einem Nair des Königs zurück und berichtete, er sei mit dem König einig geworden, welcher bereit sei, die verlangten 26000 Dukaten zu zahlen: ein Drittel in bar, ein weiteres Drittel in Edelsteinen und ein Drittel in Gewürzen; zur Bezahlung komme er selbst mit einem oder zwei Schiffen. Bis dahin schicke er dem Admiral den Brahmanen, dessen Sohn und jenen Nair als Unterpfand. Daraufhin fuhr der Admiral den angekündigten Schiffen entgegen, schickte den Brahmanen an Land und ließ ausrichten, man möge ihm die Bezahlung zukommen lassen. Der

Brahmane kam wieder mit der Nachricht, der Admiral solle einen seiner Leute schicken, um die Bezahlung in Geld und Edelsteinen entgegenzunehmen. Dieser jedoch geriet darob in Wut, schickte den Brahmanen wieder an Land und ließ ausrichten, falls er am folgenden Tage nicht mit der Bezahlung wie ausgemacht zurückkehre, so werde er unfehlbar dessen Sohn und den Nair des Königs hängen lassen.

In der folgenden Nacht tauchten in der Nähe des Schiffes des Admirals plötzlich etwa zweihundert Schiffe mit vielen Geschützen auf und nahmen es etwa zwei Stunden lang mit Artilleriefeuer und durch Bogenschützen heftig unter Beschuß, wobei es elf- oder zwölfmal schwer getroffen wurde. Darauf begannen die Unseren mit Artilleriegeschützen zurückzuschießen, so daß die Feinde, nachdem sie fünfzig bis sechzig Mann durch unsere Schüsse verloren hatten, alle zur Küste flohen. Sie selbst verwundeten mit ihren Geschützen auf unseren Schiffen drei oder vier Mann, darunter einen sehr schwer, die anderen nur leicht. Noch am selben Tage, nach der Ankunft der Karavellen aus Cananor, fuhr der Admiral bis auf Schußweite in Richtung Küste, auf die er feuern ließ, und unter aller Augen der Einwohner von Calicut ließ er den Sohn des Brahmanen und den Nair hängen und fuhr sodann weiter in Richtung Cochin. Einige sind der Ansicht, der Brahmane sei vom König getäuscht worden, andere sagen, er habe von dem Verrat gewußt, da man auf dem Schiff Gewürze im Wert von nur etwa dreihundert Dukaten vorgefunden habe.

Am 10. Februar stachen wir von Cochin aus wieder in See, und am 13. befanden wir uns noch vor Calicut. Es war ein Sonntag, und wir sichteten dort ein Geschwader von achtunddreißig großen und vielen kleineren Schiffen, die auf uns zufuhren, da sie dort offenbar annahmen, wir wollten fliehen. Als wir auf Schußweite herangekommen waren und sie sahen, daß wir nicht wichen, ja sogar versuchten, auf die Küste zuzusteuern, begannen sie zu wenden und an Land zu fliehen, wohin wir uns aber wegen der Untiefen nicht wagten; aber eines unserer Schiffe, das nahe herangefahren war, geriet mit zweien ihrer Schiffe in Berührung, und zusammen mit einer der Karavellen, die zu Hilfe kam, wurden beide aufgebracht. Auf ihnen befanden sich etwa fünfhundert Mann, welche alle umkamen; die Schiffe setzten wir vor Calicut in Brand. Denen aber, die die Flucht ergriffen, fügten wir mit unseren Geschützen großen Schaden zu. Fünfzehnmal bombardierten wir sie von der Seite her, so daß wir sicherlich viele ihrer Leute töteten. Schiffe, die künftig in diese Gegend kommen, sollten meiner Meinung nach solche von mehr als zweihundert Tonnen und mit Geschützen gut ausgerüstet sein, denn mir scheint, daß viele glauben, die Schiffe hier taugten weniger als unsere und wir hätten mehr Segel. Wir machten aber gegenteilige Erfahrungen, und mir scheint, wenn es mit Calicut keinen Frieden gibt, so sind mit Waffen gut bestückte Schiffe vonnöten. Wie gesagt, große Schiffe mit vielen Geschützen sind notwendig, damit man sich verteidigen kann und nicht fliehen muß. Hätten sie dieses Jahr hier nicht so viele Schiffe durch Kaperung verloren, so wären bei den Vorfällen bei Calicut, Cananor und Cochin mehr als hundertsechzig unserer Schiffe verloren gegangen, und niemand hätte sich retten können.

Ich vermute, ja, ich bin sicher, daß auch einige Eurer Schiffe hier verlorengegangen wären.

Ich bin der Ansicht, daß etwa zwölf bis fünfzehn mit vielen Geschützen ausgerüstete Schiffe von über zweihundert Tonnen hier ohne Gefahr Waren aufnehmen könnten. In dieser Hinsicht sind übrigens die beiden Schiffe *S. Antonio* und *S. Gabriel* besser, als viele meinen; mündlich werdet Ihr darüber weitere Einzelheiten erfahren.

Des weiteren wollte ich Euch noch berichten, daß der Admiral des öfteren darüber sprach, der König von Portugal lasse es nicht zu, Handelsschiffe mit Waffen auszurüsten, doch er wolle ihm anraten, dies zu tun; und ich glaube, der König wird nicht umhin können, danach zu handeln. Wären wir nicht bewaffnet gewesen, so hätten wir für Euch hier nichts ausgerichtet; seid also auch künftig um die Bewaffnung der Schiffe besorgt.

Tauschwaren, die wir nicht losgeworden sind, halten sich in Grenzen; zuletzt blieben uns nur noch Alaun und Quecksilber, die der Admiral uns nicht unter Preis verkaufen ließ. Er sagte vielmehr, wir sollten sie dem Faktor des Königs zum Einkaufspreis überlassen oder aber ins Meer werfen, um zu verhindern, daß einer von uns auf diesen Waren sitzenbleibe. Wir richteten uns danach, so gut wir konnten, und so gaben wir einen Teil her, um entstandene Aufwendungen damit zu begleichen, einen Teil verkauften wir gegen bar, zu einem Preis, den wir selbst hatten bezahlen müssen, oder auch darunter.

Dank Gottes Hilfe ist das Schiff voll von Waren, wie aus der Aufstellung ersichtlich. Sollte noch ein weiteres Eurer Schiffe zurückkommen, so glaube ich nicht, daß es mehr geladen hat als wir. Gott in seiner Barmherzigkeit gefiel es, uns sicher zu geleiten, und alle Schiffe kommen voll beladen zurück. Auf einem Teil der Schiffe wurde Männern Ladefläche zur Verfügung gestellt, die mit hohen Geldbeträgen mitgefahren waren. Ich glaube, außer dem unsrigen gibt es kein Schiff, das nicht Waren auch von anderen Käufern geladen hätte.

Wenn ich ein Schiff für diese Gegend auszurüsten hätte, so würde ich ein Schiff von 200 bis 250 oder sogar 300 Tonnen mit Geschützen versehen. Einem von 200 Tonnen würde ich 4000 Dukaten in bar mitgeben und bis zu 130 Zentner Kupfer, bis zu 80 oder 100 Zentner Alaun, bis zu 20 Zentner Quecksilber und Blei zwischen 10 und 70 Zentner, welches hier zu 12 Favoni je Ferazola gehandelt wird. Andere Waren sind meines Erachtens nicht so günstig; das Bargeld und das Kupfer wären für den Kauf von Pfeffer, Gewürznelken, sowie Zimt, Brasilholz, Aloeholz, Kampfer, Muskatnüssen und frischen Vorräten zu verwenden; noch mehr Geld mitzuschicken, in der Hoffnung, man könne dafür Edelsteine bekommen, scheint mir nicht von Vorteil.

In Cochin blieb der erwähnte Fernandes als Faktor zurück, und mit dem König wurde Frieden und ein Vertrag über Preise und Rechte geschlossen; zwei der Nairs des Königs fuhren als Geiseln mit uns zurück. Uns wurde glaubhaft berichtet, der König von Calicut sei mit vielen seiner Leute gegen den König von Cochin losgezogen, und ich weiß nicht, ob letzterer ihm Widerstand wird leisten können, ob er vielleicht gezwungen sein wird, zu fliehen oder dem König von Calicut etwa den Faktor auszuliefern. Gebe Gott, daß alles gut verlaufe, und ich bitte Euch, hiervon zu niemandem zu sprechen, denn dies könnte mir zum Nachteil gereichen.

In Cananor blieb Gonçalo Gil Barbosa als Faktor zurück, und mit dem dortigen König wurde ein Friedensvertrag geschlossen und eine Vereinbarung über alles Wichtige getroffen. Meiner Ansicht nach werden wir auf ihn mit größerer Gewißheit rechnen können, da er so regiert, wie es sich gehört, und wie er dies wohl auch weiterhin tun wird.

Weitergeschrieben am 18. April 1503.

Wir sind, Gott sei gelobt, in Moçambique angekommen und werden hier bleiben, um uns mit Wasser zu versorgen und Reparaturen am Schiff vorzunehmen. Wir trafen hier auf den Eigentümer und den Faktor der *Santa Cruz*, d.h. Heilig †, welche, wie man uns hier sagte, vor etwa vierzehn Tagen in Richtung Indien in See gestochen ist. Da es kein Handelsschiff, sondern mit Waffen ausgerüstet sei, fahre es ziemlich schnell; es habe aber wenig Lebensmittel an Bord, und die Kranken ließ man hier zurück. Der Eigentümer und der Faktor lagen mit dem Kapitän im Streit, weil dieser dort Ladung aufnehmen wollte, wo wir dies vor einem Jahr auch vergeblich versucht hatten. Die Gefahr war damals recht groß für uns. Gott möge ihn geleiten und desgleichen für uns tun. Wir hörten, er sei in Sofala und habe sich reichlich mit Gold eingedeckt.

Der Admiral scheint in Kürze zwei Schiffe hierher zu beordern, denn er sagt, solches sei ihm vom König aufgetragen. So Gott will, werden wir alle in einigen Tagen weiterfahren, aber bei einigen der Schiffe müssen noch die Segel ausgebessert werden;

eines von ihnen ist die Galeone, ein weiteres das Schiff des Ruymendes, dann das Schiff des Fernando Lorenzo und das, auf welchem Pedro Alfonso als Kapitän hierher kam, sowie das Schiff des Pedro Alfonso Cyritio und das des Pedro de Castro, welches wir vor etwa vierzehn Tagen aus den Augen verloren und das wir hier täglich erwarten. Möge Gott es heil hierher geleiten.

In der gesamten Flotte haben wir alles in allem etwa 24000 Zentner Pfeffer, etwa 2500 Zentner Zimt, etwa 1000 Zentner Brasilholz, etwa 500 Zentner Gewürznelken, etwa 300 Zentner Ingwer und etwa 150 Zentner Muskatnüsse und weitere Gewürze, und dies alles gehört teils dem König, teils den Kaufleuten, und wer genug Geld aufbringt, kann diese Waren alle kaufen. Euer Schiff ist in gutem Zustand, und falls Ihr es wieder auf Fahrt schicken und es Euch in den Sinn kommen sollte, mich mit ihm wieder auf Reisen zu schicken, so findet Ihr mich für alle Eure Pläne bereit.

Empfehlt mich Signor Don Gonsalvo und den Herren Hieronimo und Augustin, sowie den Herren Dionisij und Catelina, Eurem Freund, und den Herren Francesco und Bono und allen Eures Hauses und richtet ihnen aus, ich sei stets zu ihren Diensten.

Der Kapitän läßt Euch grüßen, und ich muß sagen, er versteht sich vorzüglich auf sein Handwerk und ist auch als Mensch wie kaum ein anderer in unserem Geschwader ein Mann von Qualitäten.

*Mateo di Begnino*
in Moçambique

# Worterklärungen

Almude
Flüssigkeitsmaß: $16\frac{1}{2}$ Liter
Alqueire
Hohlmaß: $13\frac{1}{2}$ Liter (= $\frac{1}{60}$ Moio)
Arroba
Gewichtseinheit: 20 Pfund ($\frac{1}{4}$ Quintal)
Bahar
Gewichtseinheit; 1 Bahar = 4 Zentner
Besegue
die afrikanische Küstenlandschaft südlich des Kap Verde
Bombarde
(»Donnerbüchse«) eines der ersten Pulvergeschütze mit kurzem trichterförmigen Rohr; man verschoß damit verschieden große steinerne Kugeln, die eine furchtbare Streuwirkung hatten.
Brasilholz
(Brasilet-, Rotholz) war – wie Scharlach – ein begehrtes Rotfärbemittel vor Aufkommen der Teerfarben. Herkunftsländer waren zunächst Malakka und Sumatra. Die ungeheuren Vorkommen in Brasilien gaben dem neu entdeckten Land den Namen (vgl. Ilha de Vera Cruz).
Ceitil
portugiesische Kupfermünze im Wert von $\frac{1}{6}$ Real
Cruzado
portugiesische Münze im Wert von 400 Réis
Faden
nautisches Längenmaß: 1 Faden etwa 6 Fuß (= 1,83 m)

Fanão

portugiesische Schreibweise der indischen Münze und Währungseinheit Fanon (italienisch: Favone); der Wechselkurs war von Ort zu Ort verschieden und schwankte zwischen 15 und 24 Réis.

Frazala

Gewichtseinheit: fast 30 Pfund

Fuste

großes, galeerenartiges Schiff

Ilha de Vera Cruz

Pedro Álvares Cabral nahm den Küstenstreifen um die Bucht von Porto Seguro unter diesem Namen am 1. Mai 1500 offiziell in portugiesischen Besitz. Als man entdeckte, daß es sich dabei nicht um eine Insel, sondern um Festland handelte, nannte man das Neuland um in »Terra de Vera Cruz«. Der spätere Name Brasilien ist vom »Pau Brasil«, den riesigen Brasilholzwäldern, abgeleitet.

Légua

die portugiesische Légua (eigentlich Légoa) entspricht 6197 m.

Lotse

auch »Pilot« genannt, der wichtigste Mann an Bord und eigentlicher Schiffsführer, da die Kapitäne oft nur als Dank für geleistete Dienste oder wegen ihrer (adligen) Herkunft ernannt wurden und das Kommando führten.

Metcal, Metikal

(italienisch: Mytigallo) portugiesische Goldmünze im Wert von 420 Réis

Moio

Hohlmaß: ca. 811 Liter

Nairs
Angehörige der Kriegerkaste, die zusammen mit den Brahmanen an der Malabarküste die höchsten Funktionen ausübten. Die sechs »sehr angesehenen Männer«, die Vasco da Gama am 20. August 1498 vor Calicut gefangennahm, um sie gegen die festgehaltenen Portugiesen auszutauschen, waren Nairs.

Padrãos
(Wappenpfeiler) zunächst hölzerne, seit den Reisen von Diogo Cão steinerne Säulen, die mit einem Kreuz gekrönt waren. Sie trugen das Wappen Portugals, den Namen des Königs und den des Entdeckers. Die Portugiesen stellten sie an markanten Küstenplätzen auf, um diese Länder als portugiesische Entdeckung kenntlich und gleichzeitig den Hoheitsanspruch geltend zu machen. Sie dienten den Seefahrern darüber hinaus oft als wichtige Landmarken.

Quartilho
Flüssigkeitsmaß: annähernd $\frac{1}{3}$ Liter

Quintal
Gewichtseinheit: 80 Pfund (5 Quintal = 1 Bahar)

Real (Mehrzahl Réis)
portugiesische Währungseinheit. 1 Real = 6 Ceitil

Sambuke
offenes arabisches Schiff von 80–150 Tonnen

San Tiago
die größte der Kapverdischen Inseln

S. Braz
die heutige Mosselbucht

S. Jorge da Mina
portugiesische Niederlassung an der Goldküste; heute Elmina (Ghana)

Scharlach

hochrote, leicht gelbstichige Farbe. Die sogenannten Scharlachkörner – erbsengroße, abgetötete und getrocknete trächtige Weibchen der Kermes-Schildlaus – waren, bevor die roten Teerfarben aufkamen, ein beliebtes Färbemittel.

Schellack

(Gummilack) Harz verschiedener Sträucher (Ficus Indica, Ficus religiosus u.a.), das zur Herstellung von Firnissen, Siegellack und Kitt benötigt wurde.

Scherafin

(Xerafim) portugiesische Münze im Wert von 300 Réis

Vera Cruz→Ilha de Vera Cruz

Wappenpfeiler→Padrão

# Literatur

Da Asia de João de Barros e de Diogo de Couto. Nova Edição, Lissabon 1778.

Die Asia des João de Barros in wortgetreuer Übertragung. Nürnberg 1844.

Cinquième centenaire de la naissance de Vasco da Gama (1469–1969). Straßburg 1970.

Correa, Gaspar: Lendas da India. 4 Bände. Lissabon 1858–64 (Reprint: Nendeln/Liechtenstein 1976).

Hart, Henry H.: Vasco da Gama und der Seeweg nach Indien. Bremen o. J. (1965).

Hümmerich, Franz: Quellen und Untersuchungen zur ersten Indienfahrt des Vasco da Gama. München 1897.

Journal du Voyage de Vasco da Gama en MCCCCXCVII. Lyon 1864.

Prévost d'Exiles, A. F.: Allgemeine Historie der Reisen ... 21 Bände. 1748–74.

Rohr, Christine von: Neue Quellen zur zweiten Indienfahrt Vasco da Gamas. In: Quellen und Forschung zur Geschichte der Geographie und Völkerkunde, Band 3, Leipzig 1939.

Stanley, Henry E. J. (Hrsg.): The Three Voyages of Vasco da Gama and his Viceroyality. From the Lendas da India of Gaspar Correa. London 1869 (Reprint: New York 1963).

Vlämisches Tagebuch über Vasco da Gama's zweite Reise 1502–1503. Hrsg. von H. C. G. Stier. Braunschweig 1880.